T0055193

NUEVOS MISTERIOS DE LA HISTORIA

ÚLTIMOS TÍTULOS PUBLICADOS:

CÓMO PROLONGAR LA JUVENTUD, *Dr. Nicholas Perricone*
SINGLE STORY. 1001 noches sin sexo, *Suzanne Schlosberg*
AUNQUE TENGA MIEDO, HÁGALO IGUAL, *Susan Jeffers*
LA OTRA HISTORIA DE JESÚS, *Fida M. Hassnain*
LA ADIVINA DE ROMA, *Steven Saylor*
EL ARTE DEL MASAJE SENSUAL, *Dr. Andrew Yorke*
LOS GRANDES MISTERIOS DE LA HISTORIA, *Massimo Polidoro*
LA CONJURA BORGIA, *Fabio Pittorru*
LOS NOMBRES, *Emilio Salas*
PENSAMIENTO POSITIVO, *Vera Peiffer*
REGRESO A LA HABANA, *Jordi Sierra i Fabra*
FIDEL CASTRO, *Clive Foss*
LOS CHISTES DE CELTIBERIA, *Lucio Cañete*
EL DIARIO DE ELSA
EL LEGADO TEMPLARIO, *Juan G. Atienza*
LA FARMACÉUTICA, *Esparbec*
INTERPRETA TUS SUEÑOS, *Y. Soliah*
LA REBELIÓN DE GAIA, *Jorge Blaschke*
LO QUE EINSTEIN LE CONTÓ A SU BARBERO, *Robert L. Wolke*
MISTERIO EN LA TORRE EIFFEL, *Claude Izner*
LOS ERRORES DE LA HISTORIA, *Roger Rössing*
CÓMO MEJORAR TU VIDA SEXUAL, *Rachel Copelan*
EL ARTE DE SER MUJER, *Alicia Gallotti*
LA TENTACIÓN DEL TEMPLARIO, *Mary Reed McCall*
APRENDA A CONOCER LOS VINOS, *Victor André*
LOS MEJORES CHISTES CORTOS, *Samuel Red*
EL CURSO, *Juliet Hastings*
HISTORIAS CURIOSAS DE LA CIENCIA, *Cyril Aydon*
ASESINATO EN EL CEMENTERIO, *Claude Izner*
ENCICLOPEDIA DE LOS MITOS, *Nadia Julien*
ÁNGELES, *Malcolm Godwin*
LO QUE OCULTA LA HISTORIA, *Ed Rayner y Ron Stapley*
LOS PECADOS DEL PLACER, *Mary Reed McCall*
LAS CLAVES DE EL SECRETO, *Daniel Sévigny*
EL APÓSTOL DE SATÁN, *Dan Chartier*
SÉ POSITIVA, *Sue Patton Thoele*
EL SECRETO DE LOS NÚMEROS, *André Jouette*
ENCICLOPEDIA DE LOS SÍMBOLOS, *Udo Becker*
CORAZÓN VENGADOR , *Tracy Cooper-Posey*
EL LIBRO NEGRO DE LA HISTORIA DE ESPAÑA, *Jesús Ávila Granados*
EL ARTE DELPLACER SEXUAL, *Barbara Keesling*
EL LIBRO CLÁSICO DE LA REPOSTERÍA
¿QUÉ SIGNIFICAN TUS SUEÑOS?, *Marcus Salomon*

NUEVOS MISTERIOS DE LA HISTORIA

Spencer Carter

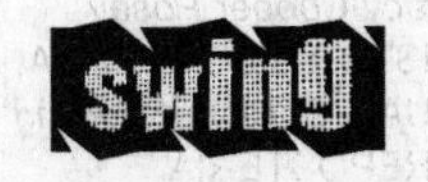

Diseño de cubierta: Regina Richling

Fotografía de cubierta: iStockphoto

Diseño interior: Lídia Estany

ISBN: 978-84-96746-43-5

Depósito legal: B-16.037-2010

Impreso por Litografía Rosés, S.A. – Energía, 11-27
08850 Gavà (Barcelona)

Impreso en España - *Printed in Spain*

Sumario

INTRODUCCIÓN

Las brumas que envuelven los testimonios de las antiguas civilizaciones, ya sean imponentes monumentos, silenciosas ruinas de ciudades y templos, o mitos y leyendas que tal vez cuentan hechos que la historia ignora, han ejercido siempre una fascinante atracción. El misterio de su origen o el enigma de su desaparición suelen ser la base de nuestro interés por esas culturas del pasado, que solo ofrecen inquietantes indicios de su existencia.

La mayoría de sus secretos rondan en torno a preguntas que aún hoy inquietan a los estudiosos e investigadores:

¿Hubo alguna vez, en algún tiempo muy remoto, una civilización superior a todas las reconocidas por la historia, que desapareció súbitamente sin dejar rastros?

La versión más extrema y conocida de esa posibilidad es el mito de la Atlántida, que según sus defensores habría dado origen a las mayores civilizaciones de la Antigüedad, como la Egipcia y la Griega. Pero también se han sugerido culturas avanzadas y desconocidas en otras latitudes, como la ciudad de piedra de Tiahuanaco, en el Altiplano andino; o la Isla de Pascua, solitaria en medio del Pacífico con sus hileras de enormes moai. En cierta forma se incluye en el mismo grupo la colosal Esfinge de Gizeh, a la que algunos atribuyen una antigüedad de doce milenios.

En este libro ofrecemos una descripción de los cuatro casos mencionados, señalando los estudios y debates sobre una teoría que de ser cierta conmovería los cimientos de la historia y de la antropología.

¿Pueden haber sucedido realmente acontecimientos que se inscriben en los mitos, leyendas o fantasías de la Antigüedad?

Una cuestión que está ligada a la credulidad y la superstición, pero también al desconocimiento de datos y documentos, que las modernas técnicas de investigación están sacando a la luz en las últimas décadas. Entre esos sucesos que pueden no ser tan legendarios se cuenta la catástrofe bíblica del diluvio Universal, descrito por otras culturas y quizá admitido por la geología; la guerra de Troya, así como la ubicación y antigüedad de esta ciudad mítica; y la historia de la "legión perdida" del ejército romano, que tal vez reapareció en un sitio realmente inesperado.

Damos también cuenta de estos casos, alguno ya casi totalmente confirmado y otros aún en división de opiniones. Su interés reside en indicar el incierto límite entre la leyenda y la historia, que debe estar siempre abierta al descubrimiento de nuevos testimonios y a la revisión de lo que se considera establecido.

¿Tuvieron algunas culturas primitivas unos conocimientos científicos y técnicos mucho más avanzados de los que habitualmente se les atribuye?

Esta pregunta es en cierta forma una versión menos esotérica de la primera, ya que refiere a pueblos cuya existencia histórica es indiscutida. Por ejemplo, los britanos prehistóricos que levantaron el monumento megalítico de Stonehenge; los babilonios y egipcios que erigieron zigurats y pirámides de sorprendente perfección; o los americanos precolombinos que construyeron las ciudades mayas escondidas en plena selva tropical.

Explicamos los datos e hipótesis que les atribuyen ese conocimiento superior, sobre todo en astronomía y arquitectura, y en la forma en que las relacionaban entre sí. Pero estas ciencias requieren la colaboración de técnicas avanzadas, en el seno de una sociedad organizada y un orden político estable, los que nos lleva a la necesidad de una civilización mucho más compleja de la que generalmente se otorga a los pueblos primitivos.

El capítulo 5, titulado *La maldición de los faraones*, no entra en la clasificación anterior, porque de algún modo está presente en sus tres preguntas básicas. Situado en un momento crucial de la arqueología, y pese a su evidente raíz esotérica, es también una muestra de que la interrelación entre conocimiento, religión y magia, que son las bases de la sabiduría en el mundo antiguo, puede irrumpir de pronto en el escéptico y racionalista siglo XX.

Al proponernos elaborar este libro sabíamos que debíamos trabajar más o menos con los mismos mimbres, o sea registrar las creencias y cultos que se ocultaban tras los enigmas del pasado, indagar en las explicaciones más o menos esotéricas que se han venido produciendo en torno a ellos, y contrastarlas con los logros y limitaciones de la ciencia respecto a cada asunto. Ocurre que a veces los autores visionarios demuestran sólidos conocimientos científicos, y en ocasiones los propios científicos se dejan llevar por visiones intuitivas del hecho que pretenden analizar.

Procuramos tratar tanto a unos como a otros con el respeto que merece su intenso interés y su obsesiva dedicación a temas que no siempre atraen al gran público, y casi nunca obtienen la aprobación de los círculos académicos. Sus apasionados debates y los triunfos o frustraciones que obtienen a lo largo de su trabajo, constituyen quizá la parte más amena de este libro. Lo dedicamos a ellos, y a todos aquellos que se sienten atraídos por conocer y desvelar los enigmas ocultos en el pasado de la Humanidad.

ATLÁNTIDA,
LA CIVILIZACIÓN SUMERGIDA

[...] se rompieron todas las fuentes del abismo, se abrieron las cataratas del cielo, y estuvo lloviendo sobre la tierra durante cuarenta días y cuarenta noches.

GÉNESIS, 7-11

La leyenda de la Atlántida es una de las más sugestivas, persistentes y complejas que nos llegan desde la Antigüedad. A lo largo de más de dos milenios ha sido tema de controversias, presuntos hallazgos, revelaciones esotéricas, experiencias parapsíquicas, e incluso investigaciones y expediciones de carácter científico. No se han podido hallar rastros materiales fiables de su existencia, pero hay diversos textos antiguos que aluden a su grandeza y su destrucción, así como teorías arqueológicas y geológicas que intentan explicar dónde estaba y cómo pereció la más fascinante de las civilizaciones perdidas.

El mito de la Atlántida supone que hace unos 12.000 años existía en medio del océano una isla gigantesca, de dos veces el tamaño de Europa, habitada por seres de excepcional sabiduría y espiritualidad. Los atlantes pertenecían a una gran civilización, altamente desarrollada, en la que la magnificencia de una elaborada tecnología se unía a un profundo conocimiento de la naturaleza, los astros, la magia y la alquimia, absolutamente superior al de cualquier otra comunidad humana de esa época.

Pero... ¿era la Atlántida una comunidad humana? La mayoría de las versiones aseguran que se trataba de una raza más o menos divina, o quizás alienígena, y en todo caso ajena a la evolución de tipo darwiniano. Hay también tradiciones que suponen que los atlantes eran una rama selecta de la humanidad, escogida por los dioses para fundar una civilización perfecta a su imagen y semejanza. Esta idea está presente en diversas culturas y religiones del más diverso origen histórico y geográfico. Para citar solo la tradición bíblica, recordemos la elección divina de «hombres justos» como Noé o Lot, escogidos para salvarse de un tremendo castigo a los pecados de la humanidad. Lo curioso en el caso de la Atlántida es que los propios elegidos fueron los castigados por una terrible catástrofe, que literalmente hundió su maravillosa isla en la profundidad del océano.

Como suele ocurrir en este tipo de mitos, los dioses permitieron que algunos atlantes, sin duda los más sabios y piadosos, se salvaran de la destrucción. Ese grupo de supervivientes se dispersó por distintos caminos, y fueron los fundadores ancestrales de varias de las grandes civilizaciones de la Antigüedad: Egipto, Persia, la Anatolia de los hititas, y por supuesto Grecia, que a su vez fue la cuna intelectual de nuestra civilización. Allí nació también el mito de la Atlántida, de la mano de uno de sus mayores filósofos.

La utopía de Platón

La primera referencia escrita sobre la Atlántida es obra nada menos que de Platón, que alude a ella en dos de sus famosos diálogos, incluso con lujo de detalles. En el *Timeo* el filósofo ateniense cuenta que Solón, uno de los Siete Sabios de Grecia, realizó un viaje a Egipto a comienzos del siglo VI a. C. Allí escuchó el relato de un sumo sacerdote sobre la historia de la Atlántida, asentada en una gran isla situada «más allá de las columnas de Hércules» o sea del estrecho de Gibraltar. Ya en el siglo X a. C., cuando según la tradición los reyes jónicos fundaron Atenas, los atlantes poseían un magnífico y poderoso imperio. Sus posesiones se extendían por todo el Norte de África y la cuenca del Mediterráneo, lo que los llevó a enfrentarse con los primitivos atenienses en una guerra legendaria.

En el diálogo de *Critias*, Platón hace explicar a Solón, a su vez por boca del jerarca egipcio, el origen de los atlantes. Narra el filósofo que Poseidón, el dios de los mares, raptó a una joven llamada Cleito y la llevó a un brillante palacio en una montaña rodeada de canales de agua cristalina. La descendencia de Cleito y Poseidón (al que los romanos llamaron Neptuno) dio origen a una raza de semidioses, que construyeron una enorme y soberbia ciudad en torno al palacio. El autor describe los detalles de la capital de la Atlántida con precisión de cartógrafo. La imponente urbe se alzaba en la cumbre de la montaña, sobre una meseta circular de unos 18 km de diámetro. En su interior se levantaban asombrosos palacios y residencias, jardines con fuentes de agua fría y caliente, calles pavimentadas con mármoles, y murallas tapizadas de metales preciosos.

Agrega Platón que las laderas presentaban anillos concéntricos de agua, que alimentaban grandes canales que descendían hacia el mar, surcados por enormes navíos. Éstos iban y venían desde varios puertos que eran obras maestras de ingeniería, como todas las construcciones de los talentosos atlantes. Al pie de la montaña se abría una extensa planicie cuadrangular de 370 x 550 km, en la que se distribuían las huertas y granjas que daban abasto a la ciudad. Más allá, entre colinas y valles, se diseminaban numerosas villas prósperas y laboriosas.

Como es sabido, Platón no pudo terminar el *Critias*, que ha llegado hasta nosotros inconcluso. Alcanzó no obstante a señalar la decadencia de los atlantes y la degradación de sus ejemplares costumbres, que los llevó a perder la sabiduría y la virtud infundidas por los dioses. La narración del filósofo se interrumpe cuando Zeus decide propinar un castigo ejemplar a los descendientes de Poseidón. Por otras tradiciones sobre el tema podemos suponer que ese castigo fue la destrucción de la isla con todas sus maravillas y semidioses, probablemente por medio del llamado diluvio Universal u otro cataclismo semejante.

Tampoco menciona el autor a los posibles supervivientes, aunque se podría entender que el locuaz sacerdote egipcio era descendiente de uno de ellos. De hecho, una versión mítica del origen de los faraones sostiene que un grupo de atlantes salvados de las aguas fueron los fundadores de la primera dinastía a orillas del Nilo. No es en verdad un mito muy original, ya que encontramos fundadores ancestrales provenientes de civilizaciones perdidas, generalmente por inmersión, en las más diversas culturas a lo ancho del planeta. Aparte de griegos y egipcios, existen relatos de continentes sumergidos en las tradiciones hindúes y tibetanas, en culturas precolombinas como los mayas y los aztecas, o en comunidades primitivas del Índico y el Pacífico. Es más que probable que estas creencias provengan de una memoria difusa y ancestral de grandes movimientos sísmicos o arrasadores deshielos, ya fueran provocados por procesos geológicos y meteorológicos o por la ira de los dioses.

LAS FABULACIONES DEL FILÓSOFO

Los estudiosos y analistas de la obra de Platón entienden que el extenso relato sobre la Atlántida es una utopía o fábula moral, relatada en el *Critias* por el filósofo para ilustrar sus principios idealistas. No pueden aceptar que creyera seriamente en una civilización superior en tiempos prehistóricos, y la absoluta perfección del mundo que describe, así como su exagerado gigantismo, reforzarían su carácter imaginario y ejemplar. Pero Platón era un aristócrata ateniense, y cita como fuente de su narración las tradiciones de su familia y los viajes de su ilustre antepasado Solón. ¿Pudo el filósofo de los ideales y los valores absolutos implicar el honor de su estirpe para avalar una superchería, por más ejemplar que fuera? Algunos expertos sostienen que Platón utilizó la leyenda de la Atlántida porque creía honestamente que era verdadera. Y lo creía así, precisamente, porque no podía dudar del relato de Solón, transmitido por la vía familiar de generación en generación. Los incrédulos pueden llegar a aceptar la sinceridad del filósofo, pero entonces se preguntan quién fue el mentiroso: ¿el noble Solón o el enigmático sacerdote egipcio?

Desde el punto de vista científico, la existencia y naufragio de todo un continente en medio del Atlántico en pleno siglo X a. C. es insostenible, al igual que el hecho de que sus supuestos habitantes pudieran establecer un gran imperio y luchar contra Atenas sin dejar ningún rastro histórico comprobable. No obstante, debemos señalar que en 1883 una erupción volcánica destruyó y hundió casi por completo la isla indonesa de Krakatoa, y que en 1870 el arqueólogo alemán Heinrich Schliemann descubrió y excavó las ruinas de la ciudad de Troya, hasta entonces considerada legendaria por los historiadores. Son hechos de menor dimensión que el mito de la Atlántida, pero que muchos de sus defensores esgrimen como argumento ante el escepticismo científico.

Los atlantes en el Olimpo

Si Platón nombra en su relato del *Critias* a Zeus y Poseidón, dioses indudablemente griegos, es porque en la mitología helénica los habitantes del Olimpo se relacionan a menudo con divinidades oceánicas. Los griegos poblaban una península y numerosas islas, por lo que su geografía y su cultura los ligaban estrechamente al mar y sus mitos, entre ellos el de las Columnas de Hércules, de origen fenicio. Estas «columnas» eran los dos promontorios rocosos que flanquean el estrecho de Gibraltar: el peñón de Calpe en Europa y el promontorio de Abila en África. Los antiguos navegantes del Mediterráneo sabían que más allá se abría un inmenso mar, que los griegos llamaron Océano. En su mitología este mar rodeaba todo el mundo, y estaba sembrado de maravillosas islas y seres fabulosos, como sirenas, tritones y monstruos marinos.

Océano era también el nombre de un dios marino, que a veces se asimila a Poseidón, hijo de Urano, el Cielo, y de Gea, la Tierra. Océano tomó por esposa a Tetis, madre de todas las criaturas marinas y en particular de las ninfas oceánidas. En una de las versiones del mito una océanida llamada Clímene es raptada por el titán Japeto, que la lleva a una isla en medio del mar. La ninfa será madre de siete hijos, entre ellos Prometeo, Menecio, Athos, Epimeteo y Atlas, que da nombre al colectivo fraterno de los Atlantes. Por otra parte Japeto es considerado el antepasado de todos los hombres, que provendrían entonces de una estirpe semidivina de origen oceánico.

Las primeras atlántidas fueron las hijas de Atlas, también llamadas pléyades, que mantuvieron relaciones sentimentales con varios dioses y semidioses, hasta que a la muerte de su padre la aflicción las transfiguró en estrellas de la constelación de Tauro. El gigantesco Atlas le había negado ayuda al héroe Perseo, que enfadado lo petrificó al mostrarle la cabeza de Medusa. En otra tradición mitológica Atlas se puso de parte de los titanes que desafiaron a Zeus, y este lo condenó a sostener el Universo sobre sus hombros. Por tal razón

Atlas significa en griego «el que soporta», y su historia está ligada al mito del Océano que rodea y sostiene al mundo. Los griegos situaban la petrificación de Atlas en la cordillera homónima norteafricana que recorre Marruecos. Hay quien afirma que el nombre de esos montes, cuyos picos superan los 4.000 m de altura, viene de la palabra bereber *adrar*, que significa montaña. En cualquier caso su línea de cumbres se dirige hacia el océano llamado apropiadamente Atlántico.

El Génesis mitológico

El hijo mayor de la oceánida Clímene era Prometeo, un titán que luchó junto a sus hermanos contra Zeus, para impedirle apoderarse del Olimpo. Pero los atlantes resultan derrotados, Zeus fulmina a Menecio y condena a Atlas a soportar el peso del mundo. Prometeo y Epimeteo consiguen salvar la vida uniéndose a la corte celestial del vencedor, donde prosperan bajo la protección de la poderosa Atenea.

Con el barro que han formado sus lágrimas por la muerte de sus hermanos, Prometeo modela la figura del primer hombre, y le pide a Atenea que le insufle vida (no es necesario recalcar la similitud de este mito con el Génesis bíblico). El atlante y su divina aliada se preocupan por proteger a sus criaturas, a las que Zeus mira con recelo. En uno de sus frecuentes ataques de ira, el rey de los dioses arrebata a los hombres el fuego, condenándolos a pasar frío y comer carne cruda. Pero Prometeo se introduce en el Olimpo con la complicidad de Atenea, y roba unas brasas del carro solar, ocultándolas en el hueco de su báculo. Devuelve así el fuego a los hombres, provocando la indignación de Zeus.

Como castigo, el padre de la humanidad fue encadenado desnudo a un peñasco donde cada día un ave de presa le comía el hígado, que volvía a crecerle al día siguiente.

Zeus había condenado a Prometeo a este sádico suplicio para toda la eternidad, pero fue liberado por Hércules, probablemente con el auxilio de Atenea.

El atlante y la caja de Pandora

Zeus sospechaba que el otro atlante superviviente, Epimeteo, había tenido algo que ver con el robo del fuego, y decidió someterlo a un castigo más insidioso. Encomendó a Hefesto que modelara en barro la figura de la primera mujer, seductora y hermosa, pero también perezosa y entrometida, a la que dio el nombre de Pandora, «la que reparte todos los dones». Atraído por su belleza, Epimeteo la tomó por esposa, advirtiéndole que nunca abriera una caja que guardaba cerrada por indicación de su oceánida madre. Pero la desaprensiva curiosidad de Pandora la llevó a abrir la caja, de cuyo interior salieron todos los males y se expandieron por el mundo. En el fondo solo quedó la esperanza, después de haber advertido a sus compañeros de encierro que no destruyeran a la humanidad.

En resumen, la mitología griega atribuye el génesis de la especie humana a dioses y semidioses oceánicos, hijos del Cielo y de la Tierra, en tradiciones que muy probablemente se relacionan con la leyenda de la Atlántida, a la que también los griegos dieron nombre. Pero no son los únicos, entre las culturas de la Antigüedad, que hablan de continentes antidiluvianos perdidos y de ancestros sobrehumanos surgidos del mar.

Visionarios y expedicionarios

A lo largo de los siglos la leyenda de la Atlántida se fue esfumando en el olvido, dentro del general descrédito de las tradiciones paganas propiciado por el cristianismo en Occidente y el islamismo en Oriente. Solo algunos académicos y estudiosos trataban de tanto en tanto el tema, pero siempre como un mito ancestral retomado por Platón para ilustrar sus ideas filosóficas.

La proximidad del fin del siglo XIX despierta en sus últimas décadas los antiguos temores y augurios catastrofistas, provocando un resurgimiento del ocultismo y las cosmogonías esotéricas, así como del espiritismo y las tradiciones paganas. Dentro de este confuso renacer de mitologías olvidadas, la Atlántida reaparece como un mito fascinante. Visionarios, adivinos y mediums pretenden haber «visualizado» la civilización perdida o tomado contacto con los atlantes por recursos parapsíquicos.

La teósofa y el congresista

La primera redescubridora de la Atlántida fue la espiritista y ocultista ucraniana Helena Petrovna Blavatsky, que a finales de la década de 1870 incluye una breve referencia a esta civilización en su voluminosa obra en dos tomos *Isis desvelada*. Según madame Blavatsky los atlantes eran mediums naturales, poseedores de una sabiduría infusa y un talante benevolente, lo que permitió al maléfico dragón Tevetán apoderarse de sus mentes y corromper su espíritu. Impulsados por aquella mala bestia iniciaron una guerra suicida (¿la invasión del Mediterráneo?) y acabaron hundiéndose junto con su maravillosa isla.

Es evidente que la fundadora de la teosofía toma algunos detalles del relato platónico, actualizándolo con sus creencias espiritistas y agregando el terrible dragón, de ascendencia más bien medieval. Todo esto en un par de páginas de su estilo farragoso y hermético, que no obstante bastaron para promover el interés por el mito atlántico en algunos de sus lectores. Entre ellos el congresista estadounidense Ignatius Donnelly, que en 1882 publica un verdadero tratado sobre la civilización atlante, titulado *Atlántida, el mundo antediluviano*.

Donnelly también había leído a Platón, y basa su obra en la conclusión de que el filósofo ateniense escribió la crónica de un acontecimiento que para él era verdadero e histórico. A partir de este principio desgrana una serie de argumentos y datos presuntamente científicos, citando hundimientos geológicos reales, devastadores terremotos, y leyendas de diluvios e inundaciones existentes en diversas culturas ancestrales de África y América. Uno de sus grandes golpes de efecto es la enumeración de especies vegetales y animales presentes en ambos continentes con anterioridad a los trasiegos marítimos humanos. Y, como variante alternativa, supone una Atlántida oriental, situada entre África y Asia, cuya última parte visible sería Australia.

Pero la gran apuesta de Donnally es la tradicional Atlántida situada «más allá de las columnas de Hércules», o sea entre África, Europa y América. Describe cerámicas y utensilios similares hallados a ambos lados del Atlántico, y otras semejanzas arqueológicas que oscilan entre el paralelismo cultural y la casualidad, abundando en una búsqueda exhaustiva de datos que parecen corroborar su teoría. Lo cierto es que el libro del congresista obtuvo un notable éxito de ventas, y que su estilo premeditadamente académico ha motivado que desde entonces hasta hoy haya científicos que se preocupan por desmentir sus asertos.

El Libro de Dzyan

Mientras tanto madame Blavatsky fundaba en Nueva York la Sociedad Teosófica, e iniciaba junto al cofundador H.S. Olcott una serie de viajes iniciáticos por América, Europa y Asia, para acabar recalando en la India. La notable difusión de la doctrina teosófica en ese país le trajo problemas con las autoridades, lo que no hizo más que aumentar su fama. A su muerte en 1891, dejó varias obras sobre su teoría religioso-filosófica de raíz pagana, que siguieron a la ya citada *Isis desvelada* (1877). Entre ellas *La voz del silencio* (1885), *La doctrina secreta* (1888), y *La llave de la Teosofía* (1889).

La «otra» Atlántida

Aunque no tiene el ilustre antecedente de haber sido citada por Platón, la leyenda de Lemuria es tan interesante como la de la Atlántida y quizá más probable. El mito debe su nombre a un hallazgo del naturalista L.P. Sclater, quien observó que la misma especie de prosimios llamados lemúridos se extendía desde África hasta Madagascar, pese a estar separadas por el canal de Mozambique, una franja oceánica de unos 500 Km. de ancho. Esto promovió la idea de un gran continente afroíndico, y no faltó quien lo poblara de seráficos seres prediluvianos. El posterior descubrimiento de restos fósiles de lemures en excavaciones de América y Europa desmontó el apoyo zoológico de la teoría, que aún se sostiene en la posibilidad de que Australia, Nueva Zelanda y algunas islas adyacentes formaran parte en el pasado de un continente sumergido por algún cataclismo geológico.

En *La doctrina secreta* la autora deja correr su fabulosa imaginación (o sus revelaciones infusas) para describir una genealogía de razas prehumanas que hubiera desquiciado a

Charles Darwin. Los atlantes son la cuarta raza ancestral, precedida por una especie fundadora de seres intangibles y nebulosos, otra más encarnada que vivía en Siberia y el Ártico (los legendarios hiperbóreos), y una tercera que habitaba, cómo no, en Lemuria, el continente hundido en el Índico. Todo esto lo descifra Blavatsky de *El Libro de Dzyan*, obra sagrada de la civilización atlántida, escrita en un lenguaje críptico.

Allí se explica que los atlantes dominaban todas las ciencias y las artes esotéricas, pero que una batalla de maleficios entre magos rivales acabó hundiendo la isla donde vivían. Hubo, claro está, supervivientes, que se dispersaron en distintas direcciones. Los que se dirigieron al norte construyeron el santuario astral de Stonehenge, y los que desembarcaron en África fundaron la primera dinastía egipcia.

Los archivos akásicos

Explica madame Blavatsky que todos los arcanos sobre el origen del mundo y el nacimiento de la vida están registrados en una sustancia psíquica etérea llamada *Akasa*, emitida por los magos atlantes al desmoronarse su civilización. Uno de sus principales discípulos, El teósofo británico W. Scott-Elliot, publicó en 1896 un libro titulado *La historia de la Atlántida*, que es resultado de su excepcional capacidad para leer y descifrar los archivos akásicos. Así pudo saber que la isla continente acogía siete razas distintas y que la más avanzada de ellas dominaba a las demás por su elevada sabiduría, pero cayó en la corrupción y arrastró consigo a toda la civilización atlante.

Otro lector privilegiado de las nebulosas intangibles fue el teósofo austriaco Rudolf Steiner, que alcanzó gran celebridad a principios del siglo XX con su obra *De los archivos akásicos* (1904). Steiner tenía sólidos conocimientos científicos, especialmente en astronomía, y traza un verosímil paralelo entre la formación del Universo y el origen de la vida. Según él la esencia humana era en el comienzo etérea, y fue evolucionando hasta alcanzar una materia corpórea a lo largo de millones de años. Las formas primigenias, todavía tocadas por el don de las «Jerarquías» que regían toda la evolución, se asentaron en la Atlántida y Lemuria.

Poco a poco esos seres esenciales se fueron humanizando, con lo que perdieron sus poderes sobrenaturales de mediumnidad y telepatía, olvidaron sus conocimientos infusos y el divino arte de la magia y la alquimia. Fue entonces cuando aparecen en sus comunidades el dolor, la enfermedad, y el odio que provoca las guerras (¿se inspira Steiner en la caja de Pandora?). Las Jerarquías advierten a unos pocos elegidos, que se hacen a la mar antes de que ambos continentes se hundan en sus respectivos océanos por mandato divino. Todo esto ocurrió, sostiene Steiner, antes de que surgieran las civilizaciones mesopotámicas y la cultura egipcia.

Entre el mito y la ficción

Uno de los novelistas más influidos por los mitos atlánticos fue el inglés sir Henry Rider Haggard, funcionario de colonias en Sudáfrica que popularizó los relatos de aventuras exóticas. Sus fantasías literarias se adelantan a las revelaciones akásicas de Scott-Elliot y Steiner, aunque probablemente beben en las mismas fuentes originales de madame Blavatsky. En su primer gran éxito, *Las minas del rey Salomón* (1886) sir Henry se basa todavía en una leyenda bastante difundida y en un personaje histórico tan real como Salomón. Aunque desde luego no faltan los elementos de misterio y sugerencias esotéricas muy propias de la fama mágica del monarca bíblico, el libro es básicamente una aventura de exploradores europeos en el enigmático continente negro.

Poco después Allan Quatermain, el protagonista creado por Rider Haggard, se introduce de pleno en vivencias esotéricas en dos inquietantes novelas: *Ella* (1887), y sobre todo *Ayesha* (1905). En ellas Quatermain busca y encuentra en el corazón de África a una fascinante y bellísima mujer que goza del don de la eternidad y domina todos los secretos de la magia. Ayesha proviene de una civilización perdida, tan magnífica y sabia como ella misma, pero ha caído en la tentación de utilizar sus poderes al servicio del mal. En el último capítulo algo falla y la seductora maga se desmorona sobre sí misma disgregada por el peso de sus siglos, hasta reducirse a un montón de cenizas. Su muerte es una clara metáfora de la destrucción de aquella civilización perdida que ella representaba.

Es probable que el carácter de Allan Quatermain se inspire en un personaje real de la época, el coronel Percy H. Fawcett, aventurero excéntrico que prefigura al explorador de mitos arqueológicos al estilo Indiana Jones. Convencido de que Brasil había formado parte de la Atlántida, Fawcett asesoró a Conan Doyle para el tema de su novela *El mundo perdido*, y se entrevistó varias veces con Rider Haggard para discutir sus visionarias teorías. En una de esas ocasiones sir Henry obsequió al coronel un pequeño ídolo de oscura piedra volcánica, con unas extrañas inscripciones. Como ni la Sociedad Geográfica ni el Museo Británico pudieron darle razón de aquel objeto, Fawcett la llevó a un parapsíquico que consiguió visualizar el origen del ídolo sosteniéndolo en sus manos. El hombre describió «un gran continente irregular que se extiende desde la costa norte de Africa hasta Sudamérica» y explicó las características de sus ciudades y habitantes, cuyos estamentos superiores «son amos absolutos del mundo, y muchos de ellos practican un alarmante dominio de la magia negra». La extensa visualización del mentalista finaliza con el castigo de los arrogantes magos atlantes, por medio de una cadena de erupciones volcánicas que destruyen y sumergen el continente. Impresionado por aquella precisa descripción Fawcett regresó a Sudamérica y se internó en la Amazonia remontando el río Xingu. Su objetivo era encontrar las minas de Muribeca (versión americana de las de Salomón), la ciudad perdida de El Dorado, y el ídolo original de piedra basáltica cuya reproducción le había regalado Rider Haggard. Demostraría así que en las actuales selvas de Brasil y Bolivia existió una civilización desconocida, asolada por una inundación que obligó a los pobladores a refugiarse en la ciudad fortaleza de Machu Picchu, a más de 2.000 m de altura. En mayo de 1925 Fawcett desapareció en la selva para siempre, junto a su hijo Jack y otro compañero de aventuras.

Los detractores del mito de la Atlántida suponen que Rider Haggard pudo comprar la estatuilla basáltica en cualquier tienda de *souvenirs* exóticos, y que los expertos no reconocieron su origen precisamente porque se trataba de una superchería para turistas. La descripción del mentalista, si no se debe a la imaginación de Fawcett, solo demostraría que el hombre había leído alguno de los varios libros sobre el mito de la Atlántida ya publicados entonces. Sostienen, por otra parte, que está debidamente demostrado que los incas construyeron Machu Picchu a mediados del siglo XV de nuestra era, unos diez mil años después del presunto hundimiento de la Atlántida.

CONTINENTES Y RAZAS A LA DERIVA

El coronel Fawcett había mantenido correspondencia con un joven periodista escocés llamado Lewis Spencer, admirador de la profunda fe y los denodados esfuerzos del explorador del continente perdido. Spencer era un erudito en temas mitológicos, y poco antes de la desaparición de Fawcett publicó *El problema de la Atlántida* (1924), considerado la argumentación más seria y documentada a favor de la existencia real de un inmenso continente oceánico en el periodo del Mioceno, hace entre 5 y 20 millones de años. En esa época hay aún transformaciones tectónicas, acompañadas de intensa actividad volcánica, que pudieron afectar la conformación de las placas continentales. Según Spencer un gran macrocontinente se desintegró en numerosas islas, la mayor de las cuales permaneció en el Atlántico, a la altura del Mediterráneo (¡otra vez las columnas de Hércules!), y otras dos de tamaño considerable derivaron en sentidos opuestos hacia las Antillas y el océano Índico. Hace unos 25.000 años se produjeron nuevos movimientos sísmicos, y la isla atlántica acabó sumergiéndose hace unos 10.000 años, en lo que Spencer coincide con el relato de Platón.

Si el aspecto geológico de la teoría de Spencer es quizá sostenible, no podemos decir lo mismo de sus argumentaciones antropológicas. Siguiendo la tradición de los mitos, hace desembarcar a los supervivientes en diversas costas, según estudios realizados por él mismo en las de España y Francia. De allí concluye que hace unos 20.000 años las comunidades de Cromañón llegaron a Europa desde el oeste, o sea necesariamente desde el océano, y desalojaron al hombre de Neanderthal. En tanto los recién llegados eran *sapiens sapiens*, más desarrollados que los antiguos residentes, Spencer se mantiene dentro del mito de «una raza superior venida del mar». Pero ocurre que los toscos neanderthalenses habían desaparecido unos 50.000 años antes, y no pudieron ver llegar a los supuestos atlantes prehistóricos. En cuanto a los hombres de la cultura aziliense, que Spencer envía a fundar las civilizaciones de Egipto y Creta, la verdad es que florecieron solo en las costas cantábricas y eso unos 15.000 años después del supuesto hundimiento de la Atlántida.

Por otra parte las civilizaciones que cita este autor, como todas las de la Antigüedad, no surgieron espontáneamente de la nada. La arqueología y la antropología cultural han registrado y testimoniado un largo proceso, que parte de comunidades muy primitivas y que va avanzando en estadios sucesivos hasta alcanzar el carácter de una auténtica civilización.

La Atlántida en Andalucía

Este es precisamente el título del libro publicado en 1930 por la arqueóloga esotérica Elena M. Wishaw, que se había pasado un cuarto de siglo en España explorando los alrededores de la histórica ciudad de Niebla, que los romanos llamaban Ilipa. La autora se internó en las galerías de las antiguas minas del río Tinto, descubriendo avanzadas obras de mampostería y restos de desagües de perfecta construcción. Esto la llevó a suponer que Andalucía, o por lo menos Huelva, había sido colonizada en tiempos remotos por una cultura superior proveniente del Atlántico. Niebla fue conquistada en 715 por las tropas musulmanas de Abd-al-Aziz, y a partir de 1023 fue uno de los más importantes reinos de taifa. Aducen los escépticos que tanto los árabes como los propios romanos tenían suficientes conocimientos de arquitectura e hidráulica como para construir los hallazgos que la arqueóloga atribuye a los atlantes. En 1905, la misma época en que la señora Wishaw iniciaba sus investigaciones, una expedición de arqueólogos alemanes llegaba a Andalucía en busca de la mítica ciudad de Tartessos, supuestamente emplazada en el estuario del Guadalquivir. Los expedicionarios creían que los tartesios, citados en textos fenicios y griegos, podían muy bien ser los atlantes que describe Platón en sus *Diálogos*. La época coincidía y también la ubicación en la costa atlántica, al norte de las Columnas de Hércules. Pero la exploración germana no halló resultados tangibles y debió regresar a su país con las manos vacías. No obstante Tartessos sigue siendo una incógnita a la que recurren con frecuencia los defensores de la mítica Atlántida.

El antiguo reino ibérico de Tartessos hace oscilar su existencia entre la historia y la leyenda. No existen testimonios fiables sobre su origen y su ubicación, aparte de algunos escasos vestigios arqueológicos. Se supone que la cultura tartesia llegó a extenderse desde Alicante a la desembocadura del Tajo, entre el II y el I milenio a. C. Según fuentes fenicias, los tartesios eran grandes navegantes, que recorrían las costas de África y alcanzaban las legendarias islas Casitérides, situadas probablemente en el Canal de la Mancha. Allí recogían el estaño que mezclaban con el cobre de sus minas para fabricar bronce, que intercambiaban con otros pueblos mediterráneos. Para ser admirados como marinos por los fenicios debieron ser realmente buenos, y sobre todo recorrer costas e islas desconocidas por otros navegantes, lo que refuerza la creencia en su origen atlántico. Los autores griegos, por su parte, describen dos dinastías tartesias de carácter mítico. Una es la del gigantesco rey Gerión, cuyos rebaños guardaban el pastor Euritión y su perro de dos cabezas, y cuya muerte era uno de los trabajos impuestos a Heracles para expiar el asesinato de su esposa. La otra es la de Gárgoris, cuyo hijo Habidis fue el fundador de la agricultura. Es posible que los tartesios hayan conquistado también Cerdeña, ya que otro mito atribuye la fundación de la isla a Norax, nieto del rey Gerión. Quienes aseguran que Tartessos pudo ser la magnífica capital de la Atlántida, resaltan estas fuentes míticas que les atribuyen el dominio de la navegación, la metalurgia y la agricultura, las tres artes básicas de las culturas de la Antigüedad. De allí a sostener que esos dominios pertenecían a una civilización oceánica superior, de la que los tartesios eran descendientes, basta con considerar a la mitología como la memoria oculta de una realidad olvidada. La historia propiamente dicha registra un primer rey de Tartessos llamado Argantonio, que según Heródoto reinó con gran poderío entre el 630 y el 550 a. C. y se unió a los foceos contra los persas. Pocas décadas más tarde, hacia el 500 a. C., Tartessos cayó en poder de los cartagineses y los rastros de su grandeza se perdieron en la bruma del tiempo.

Las pruebas improbables

No es necesario ser Nostradamus para adivinar que la leyenda de la Atlántida sería adoptada con entusiasmo por los partidarios de los platos voladores y otras manifestaciones de carácter extraterrestre, así como por los creyentes en la era de Acuario y el misticismo etéreo de la Nueva Era. Es posible que el incombustible mito reverdeciera una vez más al fin del segundo milenio, con sus predicciones y fantasías. Lo cierto es que en las últimas décadas resurgen nuevas teorías y demostraciones sobre la existencia de la Atlántida, algunas con ribetes psicodélicos y otras con razonables pretensiones científicas. Un caso aparte, pero significativo de la popularidad del tema, es el film de animación que produjo hace pocos años la factoría Walt Disney, titulado *Atlántida: el imperio perdido*. El niño protagonista obtiene la ayuda de variopintos personajes de la imaginería esotérica y de la Nueva Era para iniciar una travesía en busca de la Atlántida, una ciudad mágica al estilo de la casa.

Testimonios sumergidos

El avance de la tecnología de exploración submarina, iniciado por el pionero suizo Auguste Piccard (que en 1952 descendió a más de 3.000 m de profundidad en un batiscafo construido por él mismo), y desarrollado por el popular oceanógrafo Jacques-Yves Cousteau a lo largo de la segunda mitad del siglo XX, permitió el florecimiento de expediciones abisales en busca de los restos de la Atlántida. A partir de 1960 abundan los presuntos hallazgos en los fondos marinos de ruinas y vestigios que demostrarían la existencia de una gran ciudad sumergida. Los ufanos exploradores subacuáticos describen avenidas, restos de templos, pilastras, utensilios y otras piezas, que testimonian con borrosas fotografías de aquellas profundidades. El problema es que estos descubrimientos, ampliamente difundidos por los medios afectos al esoterismo, se realizan al margen de los ámbitos académicos de la arqueología y la oceanografía, según los submarinistas visionarios porque esos círculos les han negado su apoyo.

Las Bahamas y sus alrededores son un campo fértil en hallazgos atlánticos, como los restos de calles y edificios que describen las expediciones del doctor Mansan Valentine en los años sesenta, o la pirámide sumergida de acero y cristal que exploró el doctor Ray Brown en la década siguiente. Otra pirámide de más de 20 m de altura fue hallada en 1977 por la expedición de Ari Marshall cerca de Cayo Sal, también en las Bahamas. Marshall exhibió algunas fotografías de un promontorio submarino, que bien podía ser una formación rocosa de las que abundan en los fondos oceánicos. Muchos de estos presuntos testimonios son esgrimidos por atlantólogos contemporáneos como Steve Omar, Geoffrey Keyte o Mark Hammons, en diversos libros que intentan demostrar la realidad histórica (o prehistórica) de la civilización perdida. En su obra *Historia de las Edades de Oro,* Omar reúne una treintena de hallazgos submarinos que abarcan desde las Bahamas hasta las costas europeas y africanas, demostrando el inmenso tamaño del continente sumergido. Sus informantes describen templos, edificios, carreteras, columnas, extraños artefactos y elaboradas artesanías, difuminadas por las tinieblas abisales y las dificultades de la técnica fotográfica.

La Atlántida deshabitada

En resumen, creer o no en la leyenda de la Atlántida sigue siendo una cuestión de fe, como tantos otros mitos y supersticiones que acompañan a la humanidad desde sus orígenes ancestrales. La existencia de una isla o placa continental en medio del Atlántico fue tal vez posible, en algún momento de la conformación geológica de la Tierra por grandes movimientos tectónicos. Y también es probable que esa placa se disgregara y sumergiera a causa de la gran actividad volcánica que se dio a menudo a lo largo de ese proceso, dejando trozos considerables en la superficie. Más tarde, en el inicio del cuaternario, los glaciares cubrían buena parte de la Tierra, y el paulatino calentamiento produjo deshielos aluvionales que inundaron vastas regiones y cubrieron islas enteras al subir el nivel de los mares.

Si la existencia física del continente perdido es una hipótesis sostenible, no ocurre lo mismo con la presencia histórica de una civilización avanzada que se hundió junto con él. Conjuntando distintas opiniones científicas, podemos atribuir al *homo sapiens* una edad de unos 200.000 años, y al surgimiento de las primeras culturas neolíticas unos 5.000 años de antigüedad. Por entonces la conformación y posición de los mares y continentes era ya definitiva, y no hay registros de una catástrofe planetaria capaz de hundir una isla gigantesca.

Los partidarios de la Atlántida pueden objetar que el llamado diluvio Universal está debidamente registrado en la Biblia y en otros textos y tradiciones de diversas culturas. Los escépticos oponen que numerosos mitos aparecen en versiones semejantes en culturas distintas, porque forman parte del imaginario colectivo de la humanidad. Pero observan que no por eso dejan de ser mitos, es decir relatos imaginarios elaborados por los pueblos para magnificar sus orígenes y mantener su cohesión social.

Desde ese punto de vista la Atlántida, si existió, fue un continente vacío. Correspondió a la mitología poblarlo de seres superiores y sobrehumanos, llegados para redimir a la humanidad de su primitiva barbarie. Quizá porque siempre resulta más prestigioso descender de semidioses oceánicos, que de grotescos antropoides armados con garrotes.

El diluvio: ¿castigo y redención de la humanidad?

Corren los ríos, vierten agua las nubes, braman los elefantes furiosos, brillan los contornos de los bosques, lloran las doncellas sin esposo, danzan los pavos reales y trepan los monos.

SAKUNTALA, poema hindú de Kalidasa (siglo IV)

La eclosión del diluvio Universal, en el que se apoyan muchos mitos fundacionales, es una de las tradiciones más profundamente arraigadas en la memoria colectiva de diversas culturas de la Antigüedad. Egipcios, sumerios, hindúes, griegos y hebreos coinciden con distantes pueblos de la Polinesia, Australia o la América precolombina en la leyenda ancestral de un apoteósico diluvio que cubrió de agua la faz de la tierra, sumergiendo ciudades e islas y arrastrando al abismo a buena parte de la humanidad.

Esos mitos también concuerdan en que aquella inmensa catástrofe fue un castigo de los dioses, del que solo se salvaron unos pocos hombres justos, destinados a redimir las culpas de sus congéneres fundando una civilización devota y ejemplar. Los que transmitieron la historia fueron, desde luego, los supervivientes, y a todo pueblo le agrada provenir de ancestros escogidos por la divinidad en razón de sus virtudes. La catástrofe purificadora ha tomado también la forma de erupciones volcánicas, terremotos, o inmensas olas marinas (las *tsunami* de Japón), lo que podría indicar que esos mitos son versiones legendarias de acontecimientos geológicos reales. Queda como incógnita dilucidar quiénes sobrevivieron y porqué, o si —como narran algunas tradiciones— todos los primitivos pecadores desaparecieron bajo las aguas, para ser reemplazados por una réplica imperfecta surgida del barro, cuyos vástagos serían los verdaderos antepasados de la humanidad.

Semidioses y fundadores

La versión del diluvio más divulgada en Occidente es la de la Biblia, que lo sitúa en un tiempo inmemorial, no muy alejado de la Creación (*Génesis*, 6), y tiene como protagonista a Noé, el primer patriarca bíblico después de Adán. Los estudiosos sabían que ese relato tenía concomitancias con mitos fundacionales de otras culturas, pero solo disponían de tradiciones orales o fragmentos de textos incompletos. En la segunda mitad del siglo XIX las excavaciones que se venían realizando en Nínive, la magnífica capital sumeria que floreció al sur de la Mesopotamia entre los milenios IV y III a. C., revelaron un hallazgo sorprendente. En las ruinas soterradas de la gran biblioteca se encontraron 12 tablillas de escritura cuneiforme que contenían el poema épico de Gilgamesh, incluyendo una clara referencia al diluvio Universal.

El paralelismo entre el relato bíblico y el del Gilgamesh era demasiado evidente para atribuirlo a una mera coincidencia. Los expertos discutieron durante décadas si los hebreos habían recogido un mito de los sumerios, o si estos habían adoptado una tradición hebrea. En lo que hace al contenido, la Biblia parece referir a un acontecimiento anterior al que se relata en el Gilgamesh, cuyo protagonista vive hechos más o menos históricos y reina en la ciudad de Uruk (actual Warka, en Iraq).

¿OVERBOOKING EN EL ARCA?

La intención inicial de Yavé es eliminar al hombre de la faz de la tierra, «y con el hombre, a los ganados, reptiles y hasta las aves del cielo, pues me pesa de haberlos hecho» (Génesis, 6: 7). Pero finalmente decide salvar a Noé, «varón justo y perfecto», indicándole que construya un arca flotante y se refugie en ella con toda su familia, recogiendo también una pareja de cada especie de los seres vivientes. El texto es preciso respecto a las medidas del arca: 300 codos de largo, 50 de ancho y 30 de alto. O sea un casco de unos 125 x 21 x 12,5 metros, construido en maderas resinosas y calafateado con pez de alquitrán. Es obvio que ese ámbito no podía acoger y soportar el volumen de «todos los seres vivientes según su especie» y menos aún en parejas. Sin duda el párrafo es simbólico, para señalar que Yavé rescata también a las bestias inocentes del castigo que estaba preparando; y asimismo permite suponer que los mitógrafos hebreos sabían que muchas especies animales habían sobrevivido al diluvio. Si Noé realmente existió, como mucho se habría podido llevar sus perros, algunas ovejas, y otros animales y aves de granja necesarios para la subsistencia.

Pero atribuir a relatos ancestrales sucesos o costumbres más cercanos al momento en que se narran o se escriben es frecuente en la mitología (y en el arte: los pintores medievales y renacentistas ponían ropajes y decorados de su época en las escenas del Evangelio). La disputa por la versión original ha quedado de momento en tablas, al acordar ambos bandos que probablemente tanto hebreos como sumerios se inspiraron en una misma fuente aún más antigua. Fuente que, según algunas opiniones, podría provenir de los propios supervivientes del diluvio.

Saber quién registró primero la historia del diluvio no deja de ser un problema menor, si se compara con el propio significado trascendente del mito. La mayor parte de sus versiones coinciden en que después de aquel castigo divino, unos supervivientes forjaron estas o aquellas etnias, culturas y religiones. Pero... ¿quiénes fueron los castigados, y porqué?

Los «hijos de Dios»

El capítulo 6 del *Génesis*, dedicado al diluvio, se inicia con una curiosa referencia prediluviana, que nos remite a los mitos y leyendas sobre semidioses ancestrales: «Cuando comenzaron a multiplicarse los hombres sobre la tierra y tuvieron hijas, viendo los hijos de Dios que las hijas de los hombres eran hermosas, tomaron de entre ellas como mujeres las que bien quisieron». Se entiende que las tomaron por su belleza física, y no por un designio de Yavé, que en el párrafo siguiente dice: «No permanecerá por siempre mi espíritu en el hombre, porque no es más que carne...». Los intérpretes ortodoxos aducen que esos «hijos de Dios» eran los propios hombres, en tanto criaturas de su Hacedor. Pero el texto los distingue claramente de los hombres que «se multiplicaron y tuvieron hijas», que a su vez se supone que tenían madres. La idea de dioses y/o semidioses seducidos por el atractivo de las jóvenes mortales está presente en muchas mitologías y notablemente en la griega, donde el propio Zeus encabeza la lista de conquistadores de doncellas terrenales. Quizás los autores bíblicos, que se inspiraban en antiguas tradiciones mesopotámicas, decidieron insertar en medio de la historia de Noé esa referencia aislada y un tanto extemporánea, recogida de fuentes anteriores.

Noé no era un «hijo de Dios» sino un humano, nieto mayor de Matusalén, y por tanto descendiente en línea directa de Set, el tercer hijo de Adán y Eva. El patriarca a su vez había engendrado tres hijos varones: Sem, Cam y Jafet. Mientras tanto Yavé se sentía enfadado con sus criaturas, no sabemos por qué tipo de excesos y desobediencias. El texto no liga directamente la ira de Dios con la lúbrica conducta de sus «hijos» respecto a las mortales, pero ese suceso se cita poco antes y es el único antecedente pecaminoso que registra la Biblia. Luego se intercala otro párrafo de información prediluviana: «Existían entonces los gigantes sobre la Tierra, y también después, cuando los hijos de Dios se unieron con las hijas de los hombres y les engendraron hijos. Estos son los héroes famosos muy de antiguo». (Génesis, 6: 4.)

Fueran quienes fueran aquellos gigantes y esos héroes, el texto bíblico no deja de aludir a unos seres sobrehumanos que poblaban la tierra antes del diluvio, coincidiendo con los mitos ancestrales provenientes de otras culturas.

El cuervo y la paloma

Tras los célebres 40 días de lluvia que *cubrieron los altos montes de debajo del cielo*, el arca y sus pasajeros flotaron a la deriva durante otros 150 días, sin ver otra cosa que el agua que inundaba toda la tierra. Luego Yavé *se acordó* (sic) de Noé y su zoológico flotante, e hizo soplar un gran viento para bajar la inundación. El arca se posó sobre los montes Ararat, que fueron los primeros en asomar a la superficie. Pasados los preceptivos 40 días en aquella situación, Noé soltó un cuervo que hizo una excursión por los alrededores sin encontrar más que agua. El patriarca envió entonces una paloma, que en su segundo viaje regresó trayendo una ramita de olivo, testimonio de que las aguas estaban bajando. Noé, cuya mayor virtud era la prudencia, esperó otros siete días y volvió a soltar el ave, que esta vez no volvió, «... y abriendo Noé el techo del arca, miró, y vio que estaba seca la superficie de la tierra» (Génesis, 8: 13).

Pese a haber desairado al patriarca al no regresar con mayores datos, la paloma ha sido considerada desde entonces como el símbolo de la paz y la concordia. No sabemos si ya entonces cumplía el oficio de mensajera o fue adiestrada en él a partir de su papel en el diluvio. Tampoco si el cuervo, ancestral ave de mal agüero, debe su mala fama a no haber hallado una ramita de olivo o a su condición de comedor de carroña.

Ararat: ¿cuna de la civilización?

La Biblia ofrece un dato geográfico real cuando registra que el arca de Noé embarrancó en los montes Ararat. Estos conforman un macizo volcánico situado en la actual Turquía, cuya cumbre más alta alcanza los 5.165 m y es la mayor de la región. El conjunto montañoso se extiende sobre la frontera de Irán y Armenia, o sea sobre la antigua Persia y el territorio ocupado en esos tiempos por las tribus nómadas de Aram, que invadieron Siria y fundaron Damasco, llegando a dominar el norte del litoral mediterráneo. El término *Aram* derivó en *Aramia* y finalmente en *Armenia,* y los textos originales del Antiguo Testamento estaban escritos en arameo, lengua que hablaban asimismo Jesús y sus contemporáneos en Palestina.

Existe constancia de que la región de Armenia próxima a los montes Ararat estuvo habitada desde el paleolítico, y que su población fue precursora en la revolución neolítica que produjo la agricultura, la ganadería y los primeros asentamientos permanentes. Esas nuevas condiciones de vida permitieron el nacimiento de las ciudades estables, y de ellas sur-

Similitudes sorprendentes

Aparte del paralelismo existente entre ambos relatos del diluvio, se encuentran en la epopeya babilónica otras coincidencias con el Génesis que sugieren la referencia común a un mito aún más antiguo. Sin duda la figura del dios Sol iluminando la tierra y apartando las aguas recuerda el comienzo de la Creación bíblica, cuando «... las tinieblas cubrían la faz del abismo, pero el espíritu de Dios se cernía sobre la superficie de las aguas». Yavé pronuncia entonces su famosa orden «Haya luz» y luego «Júntense en un lugar las aguas de debajo de los cielos, y aparezca lo seco» (Génesis, 1: 2-3 y 9). Por otra parte, la «planta de la inmortalidad» que busca Gilgamesh es asimilable al árbol de la sabiduría que la Biblia sitúa en medio del Edén. Dios había advertido a Adán y Eva: «No comáis de él, ni lo toquéis siquiera, porque vais a morir». El agente utilizado por las fuerzas del mal para arrebatar la inmortalidad es el mismo: la serpiente, «la más astutas de cuantas bestias hiciera Yavé», que en el Paraíso tienta a Eva para que coma el fruto prohibido y en Babilonia le roba la planta mágica a Gilgamesh. La relación entre el árbol del Edén y la mortalidad se infiere claramente de la maldición final de Yavé, que anuncia a Adán que trabajará y sufrirá «...hasta que vuelvas a la tierra, pues de ella has sido tomado; ya que polvo eres y al polvo volverás» (Génesis, 3:19).

girían las grandes civilizaciones mesopotámicas. Una de sus capitales emblemáticas fue Babilonia, cuyas tradiciones conservaron un mito que, como se verá más adelante, es muy similar al relato bíblico. Lo que aquí interesa es que según el historiador griego Berosio (siglo IV a. C.), el arca babilónica «quedó encallada en Armenia, y una parte de ella aún permanece en sus montañas».

Otra gran ciudad mesopotámica fue Nínive, que ya existía probablemente en el V milenio a. C. y donde fueron encontradas las tablillas con la epopeya de Gilgamesh. El relato del diluvio es una vez más semejante a la historia de Noé, y el arca salvadora acaba su travesía en los montes armenios de Nizir, a menos de 300 km de Ararat. En los tres casos los pasajeros del arca descienden de la montaña para dar origen a los pueblos que responden a los mitos respectivos.

El diluvio según el Gilgamesh

Las primeras tablillas de cerámica conteniendo fragmentos del Gilgamesh se encontraron en 1870 en las ruinas de Nínive, junto con otros textos de agricultura, derecho, liturgia y mitología sumerio-babilónica. Todos estaban redactados en escritura cuneiforme (incisiones en forma de cuña), sistema que había evolucionado desde un código pictográfico de imágenes a la representación de los sonidos de la lengua. En las décadas siguientes se descubrieron nuevos fragmentos de los poemas épicos, dedicados a las antiguas leyendas de los reyes Emmerkar y Gilgamesh. Hacia 1900 las excavaciones en Babilonia y Nippur completaron la mayor parte de estos y otros textos, provenientes de la segunda mitad del III milenio a. C. Es decir, mil años antes de la época en que se presume fue escrita la Biblia, y cuando ya la cultura sumeria había recibido la influencia babilónica.

El pueblo de Ishtar

El Noé del Gilgamesh es un rey legendario llamado Ziusudra, muy devoto de los dioses. Cuando estos deciden castigar a la humanidad por sus pecados, advierten al piadoso soberano que abandone su palacio y construya una nave, cuyas formas y dimensiones le indican con detallada precisión. Debe encerrarse en ella con «la simiente de todo tipo de vida» y esperar los acontecimientos. Apenas Ziusudra acaba de cumplir este mandato, una violenta tempestad se desencadena sobre la tierra, y la lluvia torrencial dura siete días y siete noches.

Tan tremenda es la fuerza de las aguas que los propios dioses se ven arrastrados por la inundación, junto con todos los mortales. Pero Anu, la deidad suprema, decide rescatar a Ishtar, diosa del amor y la lujuria, ofreciéndole refugio en el cielo. Desde allí ven que la barca de Ziusudra, azotada por las inmensas olas y el viento huracanado, está a punto de zozobrar. Ishtar, que acaba de sufrir la angustia de ser arrebatada por las aguas, ruega a Anu que salve a aquellos supervivientes, y promete que «con ellos daré nacimiento a mi pueblo, que poblará la tierra como los peces pueblan el mar».

Anu ordena a Utrus, el dios del sol, que separe las nubes tormentosas y asome con toda su luz para secar las aguas. La inundación comienza a descender, y el rey Ziusudra sale a la cubierta de la nave para prosternarse ante Utrus y ofrecerle sacrificios. El sol guía entonces la barca hacia el país de Nizir, donde el monarca y sus acompañantes sentarán las bases para la expansión del pueblo protegido por Ishtar.

La diosa despechada

En otras tablillas que datan de época anterior, se narran los hechos ocurridos después del diluvio. La tierra está dividida en dos reinos, o mejor dicho dos ciudades adversarias: Kish, gobernada por el rey Agga; y Uruk, en la que reina Gilgamesh. Se supone que este es descendiente cercano de Ziusudra, y tiene la planta, el valor y la fuerza de un verdadero héroe mitológico. Ishtar, la venus babilónica fundadora de la humanidad, se enamora perdidamente de aquel mortal poseedor de tantos atractivos. Pero Gilgamesh rechaza los favores amatorios de Ishtar, perdiendo la ocasión de engendrar semidioses. El poema no explica las razones del desdén de su protagonista, o tal vez lo hace en alguna tablilla perdida (Es posible que este pasaje sea una muestra de la vena escéptica de la mitología babilónica que, como veremos, también descreía de la inmortalidad).

Enfadada por la negativa de Gilgamesh, la diosa envía un toro celeste para matar al héroe y destruir la ciudad de Uruk. El joven rey y su amigo Enkiddu libran un encarnizado combate con la bestia, a la que consiguen dar muerte. Poco después fallece también Enkiddu, no se sabe si por las heridas recibidas o por un maleficio de la resentida Ishtar. Impresionado por la muerte de su invencible compañero, Gilgamesh comprende que algún día habrá de correr la misma suerte. Emprende entonces un largo viaje en busca de la ciudad antediluviana de Shuruppak, cuyo sabio y piadoso rey Utnapishtim posee la planta que otorga la inmortalidad.

Tras las correspondientes adversidades y proezas, el héroe llega finalmente a la ciudad sagrada. Utnapishtim le cuenta entonces su propia versión del diluvio, y cómo él (y ya no Ziusudra, aunque puede que en tablillas de épocas diferentes se haya dado distintos nombres al mismo personaje) fue salvado de las aguas en una barca que había construido por orden de los dioses. Luego le revela que la planta de la inmortalidad se hundió a consecuencia del diluvio y yace en el fondo del mar. Hasta allí desciende Gilgamesh, sin que la epopeya nos explique cómo se las arregla, y encuentra el precioso talismán vege-

Los tres pueblos de la tierra

Después de enumerar la abundante descendencia de los hijos de Noé, la Biblia dice que «de éstos se dividieron los pueblos en la tierra después del diluvio». Aunque el Génesis no lo especifica, la tradición bíblica explica que Sem fue el padre de los semitas, y sabemos que su descendiente Abraham sería el primer patriarca del pueblo elegido por Dios. Jafet engendró la primera generación de europeos de piel blanca, o jaféticos; y Cam es el ancestro de los africanos de raza negra. Los árabes provendrían de Ismael, hijo de Abraham y su esclava Agar, del que Mahoma se proclamó descendiente. En cuanto a los camíticos, su larga y triste historia de explotación y esclavitud parece confirmar la terrible maldición de Noé.

tal. Pero en el camino de regreso una serpiente maligna le arrebata la planta, y el héroe vuelve a Uruk con las manos vacías.

Coincidencias y diferencias

Al referirse al diluvio, el relato bíblico y el poema de Gilgamesh cuentan evidentemente la misma historia. Coinciden no solo en lo esencial sino también en los hechos, sus causas y consecuencias, así como en numerosos detalles que abonan la tesis de un mito original compartido. Hay también algunas diferencias o divergencias, que pueden atribuirse a la diversidad entre ambas culturas y cosmogonías, así como a las distintas épocas en que el mito fue recogido por escrito.

El diluvio británico

Entre los celtas de las Islas Británicas existen varias tradiciones druídicas que aluden al diluvio, y en las que un druida o sacerdote de grandes virtudes es elegido para salvarse y presidir una refundación de la humanidad. Las variaciones se refieren a la extensión de las aguas, que en alguna versión cubren solo las islas y en otras «toda la tierra»; y en el número de familiares o compañeros que el refundador introduce en su barca.

En ambos casos la catástrofe pluvial es un castigo de los dioses por las debilidades (la *Biblia*) o los pecados (*Gilgamesh*) de los hombres. En el Génesis la inundación «cubre toda la tierra» y en el poema «una y todas las ciudades», lo que viene a significar lo mismo en aquella primigenia cultura urbana. Para los hebreos quien desata el castigo es Yavé, y para el politeísmo babilonio una asamblea de los dioses, pero tanto uno como otros representan a la Divinidad iracunda. Los dos relatos tienen un protagonista único y destacado: el gran patriarca Noé, cuya santidad roza la perfección; y el sabio rey Ziusudra (también llamado Utnapishtim), que posee el secreto de la inmortalidad.

La advertencia de la catástrofe y la orden divina de construir un arca es prácticamente idéntica, aunque Noé la recibe en directo y Ziusudra por medio de un sueño profético. En cuanto a las respectivas arcas en sí, ambas son cuadrangulares y de proporciones semejantes, con una sola puerta lateral. La del Génesis tiene tres plantas o cubiertas y la del Gigalmesh siete, porque era más alta. Las dos acaban posándose en unos montes de Aram (los de Ararat y de Nisir), y sus capitanes envían aves para comprobar si ya hay tierra seca. Al descender ofrecen sacrificios a la Divinidad, reciben su bendición, y fundan una nueva etapa de la humanidad, que viene a ser la que vivimos hasta hoy.

Hay algunas otras diferencias menores que no parecen afectar la unicidad de la historia. Por ejemplo que el arca de Noé era de base rectangular y la babilónica era cúbica; que el patriarca bíblico embarca solo con su familia y Ziusudra agrega otros allegados y servidores (ambos cargaban ya con todas las especies zoológicas); o que este último, además de un cuervo y una paloma, envía también una golondrina exploradora.

Antes y después del diluvio

Se ha dicho ya que los exégetas con motivaciones esotéricas han buscado en los antiguos relatos sobre el diluvio testimonios de un corte radical en la historia de la humanidad, o más exactamente en la evolución de la especie humana. Aunque la teoría evolucionista de Darwin ha sido aceptada y comprobada hace largo tiempo por la ciencia, subsiste hacia ella un rechazo consciente o inconsciente, que reclama para el hombre mejores ancestros que la laboriosa cadena de los antropoides. Esos antepasados imaginarios debían pertenecer a una civilización superior, probablemente de semidioses o alienígenas que, como hemos visto al tratar el mito de la Atlántida, perecieron en una tremenda catástrofe. Pero algunos sobrevivieron para fundar la humanidad, y sus acólitos buscan en los mitos legendarios la memoria difusa de su existencia.

Y aquí es donde interviene el diluvio. Sin duda se trata de una catástrofe que diezma a los habitantes originales de la tierra, fueran quienes fueran, pero no a todos. De acuerdo a la mayoría de los relatos y tradiciones, los supervivientes fundan una civilización nueva y distinta. ¿Pero distinta de qué?

En la descripción del mundo anterior al diluvio, el Génesis presenta un paraíso terrenal sin esfuerzos ni sufrimientos, donde la pareja original vivía disfrutando de la naturaleza y en contacto cotidiano con Yavé. Este los expulsa del Edén, pero la familia adánica y sus descendientes conviven con «hijos de Dios», gigantes y héroes mestizos de la Divinidad, que no vuelven a mencionarse después del diluvio. En el Gilgamesh se habla de cinco ciudades sagradas antediluvianas, cuyos reyes eran tan sabios como poderosos, y poseían el secreto de la inmortalidad. Pero ese secreto se hunde en el fondo del mar, y el héroe que lo recupera vuelve a perderlo por intervención de una fuerza maligna. El propio Gilgamesh es en cierta forma el primer protagonista legendario «humano», en el sentido de que rechaza una relación carnal con una diosa, se resigna a la pérdida de la inmortalidad, y se refugia entre los muros de Uruk. Su ciudad no es sagrada, como la mágica Shuruppak, sino que pertenece a la civilización terrenal que ha nacido después del diluvio. El Génesis afirma que los tres hijos de Noé fueron los refundadores de la humanidad. A poco de abandonar el arca, el patriarca retomó el cultivo de la tierra y plantó una viña. Llegado el momento «Bebió de su vino y se embriagó, y quedó desnudo en medio de su tienda» (Génesis, 9: 21). El hijo menor, Cam, fue a contárselo a sus hermanos, riendo. Pero Sem y Jafet, más respetuosos de la dignidad paterna, cubrieron a Noé con sus mantos, volviendo la cabeza para no ver su desnudez. Cuando el patriarca supo lo ocurrido, maldijo a Cam en su hijo Canaán, condenándolo a ser «siervo de los siervos de sus hermanos», entre quienes repartió la tierra. Pero Sem, el primogénito, era sin duda el preferido de Yavé. Su nieto Nemrod, el gran cazador, *fue el primero que comenzó a dominar sobre la tierra,* reinando en Babel y fundando varias ciudades en Asur; entre ellas —vaya casualidad— la propia Nínive que guardaría las tablillas del Gigalmesh. Esto lo registra puntualmente el Génesis en el versículo 14 de su capítulo 10, testimoniando una ancestral relación entre las tradiciones de los hebreos y los babilonios.

Los otros mitos sobre el diluvio

La existencia de un mito paralelo sobre el diluvio, que expresan el Génesis y el Gilgamesh, viene a confirmarse en otras leyendas ancestrales que en esencia cuentan la misma historia. Varias de ellas proceden de pueblos muy distantes del Asia Menor habitada por hebreos y babilónicos, lo que hace imposible suponer una influencia o un plagio de unos a otros. Además el diluvio Universal aparece registrado en mitologías de los diversos continentes, que difícilmente pudieron tener contactos entre sí; entre ellas las de Egipto, la India, Grecia, China, las Islas Británicas, y las tribus de Centroamérica y Norteamérica, como los aztecas de México.

La lluvia de sangre y el pez adivino

En el diálogo del *Timeo*, Platón hace referencia a una leyenda egipcia semejante a la del diluvio, en la que los dioses deciden purificar la tierra de sus pecados inundándola de agua. Solo pueden salvarse unos pocos pastores, que han trepado a las cumbres más altas de las montañas. En manuscritos de los propios egipcios aparece una historia parecida, pero bastante más cruenta. Se dice que Ra, el dios solar creador, decidió castigar la insolencia de los hombres ahogándolos en una lluvia de sangre. Cuando la sangrienta inundación rodeaba los muros de Heliópolis, la residencia de los dioses, Ra se sintió impresionado por la atrocidad de su venganza, y juró que nunca volvería a castigar de esa forma a la humanidad. Esto supone la existencia de supervivientes, ya que si no de poco le hubiera servido al dios su arrepentimiento.

En la mitología hindú, Manu es el nombre sánscrito del primer hombre, protagonista de una epopeya y autor de un código o *darmasutra* conocido como *Leyes de Manu*. Este texto del siglo II a. C. relata que el héroe se encontró con un pez adivino, que le anunció que «...un diluvio ahogará a todas las criaturas». El pez aconsejó a Manu que construyera una barca, y navegara detrás de él cuando comenzaran las lluvias. El Adán hindú se apresuró a fabricar su nave y amarró un cabo a la cola del pez, que nadó hacia las montañas del norte, cuyas cumbres no fueron cubiertas por las aguas. Manu salvó así la vida, pero se quedó solo, ya que todos los demás habían perecido en el diluvio. Para los hindúes Manu no es un personaje único, sino el fundador de la especie humana en cada «kalpa» o nueva etapa del universo. Y en esto su historia coincide con otros mitos, que hacen provenir la humanidad actual de los supervivientes del diluvio.

Los ancestros de piedra

Luciano de Samosata, filósofo griego del siglo II, cita una leyenda de la mitología helénica muy semejante a la hebrea y la babilónica, con el arca salvadora y los vuelos de la paloma mensajera. Sin embargo los estudiosos creen que Luciano ha confundido o copiado los textos semíticos, ya que tal historia no aparece en autores más autorizados, como Hesíodo u Homero. Quien alude claramente al mito diluviano es Plutarco, helenista grecorromano y preceptor del futuro emperador Adriano. Señala que en la mitología griega existen cinco mitos diferentes sobre el diluvio, siendo el más interesante el que se incluye en el *Decaulión*. En esa versión se cuenta que Prometeo advirtió a su hijo Decaulión de que el iracundo Zeus se disponía a inundar la tierra con un diluvio, para castigar la debilidad de los hombres. Por consejo de su padre, Decaulión construye una nave mágica con la que él y su mujer, Pyrra, consiguen sobrevivir a la inundación. Pasado el diluvio la barca encalla sobre el monte Olimpo, en Tesalia, y la pareja desciende sana y salva. Entonces se presenta la diosa Temis, una de las hijas de Zeus, y les explica un método para repoblar la tierra: recoger guijarros de piedra y arrojarlos a su alrededor. De los guijarros que lanza Decaulión surgen hombres; mientras que los arrojados por Pyrra se transforman en mujeres. Y así se crea la nueva humanidad que ha llegado hasta nuestros días.

Los bienes terrenales

En el otro extremo del mundo, también los chinos registran tradiciones y poemas que se refieren al diluvio. Una de ellas, contenida en el Libro de Li-Kio, describe con expresivo estilo una de las versiones más bellas y violentas de esta difundida historia: «Se quiebran las columnas del cielo y la tierra se agita hasta sus propios cimientos; el sol y las estrellas cambian sus trayectorias; la tierra se rompe en pedazos, y las aguas que guarda en su seno prorrumpen con ímpetu y se desbordan». Tras este inicio devastador, el Li-Kio explica las causas: «El hombre se había rebelado contra el cielo, desordenando totalmente el sistema del Universo y destruyendo la gran armonía de la naturaleza». E insiste más adelante el texto chino: «Todos estos males surgieron del hombre, a pesar del gran poder del Universo. Él puso su mirada en los bienes terrenales, deseándolos en exceso, hasta que poco a poco se fue transformando en los objetos que amaba y el espíritu celestial lo abandonó por completo».

Los cuatro soles de México

Según la mitología de los aztecas, han existido sucesivamente cuatro soles sobre el cielo de México. Cada uno de ellos marcó una era, y se apagó en medio de una gran destrucción que dio lugar a una nueva época. La primera civilización fue destruida por los tigres, la segunda por un terrible huracán, la tercera por el fuego, y la cuarta por un diluvio que inundó toda la tierra. La leyenda no revela qué desastre acabará con el quinto sol que desde entonces nos ilumina.

El investigador Bernard Kirkpatrick resumió en un artículo reciente la historia de esas cuatro eras. Tezcatlipoca, el gran demonio felino de la mitología azteca, asumió en el principio de los tiempos la forma del sol. Los dioses se disgustaron por su atrevimiento, y crearon una raza de gigantes para que luchara contra él. Mientras tanto los humanos vivían en la tierra siguiendo sus instintos, sin haber alcanzado aún el raciocinio. Ocurrió que Quetzalcoatl, el poderoso dios del bien, omnipotente y multiforme, cogió al sol maligno con su bastón y lo hundió en el océano. Pero Tezcatlipoca adoptó entonces la forma de tigre, y devoró a todos los gigantes y los humanos. Quetzacoatl no tuvo otro remedio que transformarse a sí mismo en el segundo sol, y volver a insuflar vida sobre la tierra. Pero Tezcatlipoca lo alcanzó con su garra de tigre y lo precipitó a la tierra. La caída del gran dios desató un furioso huracán que destruyó todo lo existente. Las deidades supremas, hartas de tantos desastres, expulsaron del cielo a ambos dioses rivales y enviaron como tercer sol a Tlaloc, el dios de la lluvia y el fuego celeste. Quetzacoatl enfrentó al nuevo competidor con sus propias armas, arrojando sobre la tierra una lluvia de fuego que secó el mar y todos los ríos, y los hombres que sobrevivieron se convirtieron en aves. El gran dios creó luego a Chalchiutlicue, la «Doncella vestida de jade», y la transfiguró en el cuarto sol. Reapareció entonces Tezcatlipoca, desencadenando un inmenso diluvio que apagó el sol y arrasó toda la tierra, y los que sobrevivieron se convirtieron en peces.

Los dioses supremos se reunieron en asamblea para intentar encender un nuevo sol. Colocaron en el centro del recinto un brasero ardiendo y todos probaron de saltar dentro de él para purificarse y poder iluminar nuevamente el cielo y la tierra. Pero el brasero solo acogió al más pobre y humilde de los dioses, que se elevó a los cielos en forma de llama y es el sol que ilumina esta quinta era.

La barca de Tezpi y las razas de barro

Durante el diluvio que destruyó la cuarta era de los aztecas, cuando los supervivientes se convirtieron en peces, solo un hombre llamado Tezpi y su familia escaparon a esa condición. La historia es muy parecida al relato bíblico, ya que Tezpi se introduce en una barca con sus hijos y su mujer, Hochiquetzal, junto a todos los animales que pueden reunir. La barca navega solitaria sobre las aguas que inundan la tierra, hasta detenerse sobre el monte Cohuacán. Tezpi suelta entonces un buitre, que no retorna a la barca, y luego un colibrí que vuelve con unas hojas verdes en el pico.

Existe una versión parecida en la mitología de los incas peruanos, según la cual solo un hombre y una mujer se refugiaron en la barca salvadora, que los llevó hasta unas montañas muy distantes de Cuzco. Allí modelaron en barro imágenes de todas las razas, y rogaron a los dioses que les dieran vida.

¿Sincretismo o casualidad?

Algunos estudiosos sostienen que estas leyendas americanas fueron adaptaciones inspiradas en el Génesis, relatado a los indios por los misioneros españoles; mientras otros argumentan que los mitos diluvianos son muy anteriores a la llegada de los conquistadores. Dicen los primeros que la civilización azteca floreció en México poco antes del descubrimiento, y que su capital, Tenochtitlán, había sido fundada alrededor de 1325. Un siglo y medio es poco tiempo, aducen, para elaborar un mito cosmogónico tan complicado. Responden sus oponentes que si bien los aztecas llegaron a la región del lago Texcoco en el siglo XIV, antes habían desarrollado una cultura propia en sus tierras originales de Aztlán, en el norte.

Los defensores de un sincretismo bíblico-indígena son más prudentes en el caso de los incas, que ya poseían una compleja civilización con sus cosmogonías y mitologías quizá un milenio antes del Descubrimiento. Se sabe que Manco Capac y Mama Ocllo volvieron a fundar Cuzco allá por el siglo XI, y se trató de una segunda fundación de la capital sagrada del imperio.

Al margen de esta discusión, es evidente que hay un núcleo central del mito en Mesopotamia y el norte de África; otros en dos culturas orientales tan distintas como la hindú y la China; y por lo menos uno más en las culturas americanas autóctonas, a los que habría que agregar tradiciones no escritas del Asia suroriental, Australia y la polinesia. El sincretismo religioso resulta imposible en lugares y tiempos tan distantes, y la simple casualidad no da para tanto. Es necesario pensar que esos mitos coincidentes pueden reflejar la memoria de una catástrofe meteorológica real, o quizá de varias que se sucedieron en las etapas primigenias de la prehistoria.

La explicación científica

Como es sabido, nuestro planeta sufrió diversas y violentas conmociones a lo largo de su historia geológica. Los bruscos cambios climáticos debidos a su propia evolución y al calentamiento progresivo del Sol, alternaron largas épocas en las que la temperatura de la superficie terrestre pasaba de un extremo al otro. Los enfriamientos produjeron las llamadas glaciaciones o eras glaciales, en las que grandes masas de hielo cubrían buena parte del globo terráqueo, envuelto en densas nubes que ocultaban el cielo. La reaparición del Sol o fenómenos volcánicos asociados a movimientos de las placas continentales, hacían que el calor derritiera con mayor o menor rapidez los glaciares, que a veces alcanzaban hasta tres kilómetros de altura. Es lógico que esos enormes deshielos produjeran grandes avalanchas de agua y lluvias torrenciales que inundaban las tierras adyacentes, desbordaban los ríos y elevaban bruscamente el nivel de los mares, tal como se narra en las distintas historias sobre el diluvio.

Entre glaciares y deshielos

En cierta forma, la alternancia de las glaciaciones y deshielos acompañó la evolución de la especie humana, desde el *australopitecus* al *homo sapiens sapiens*, nuestro antepasado directo. Combinando los estudios geológicos con los descubrimientos de la antropología, podemos reconstruir ese devenir paralelo de los cambios climáticos y las peripecias de la humanidad. Nuestro ancestro más antiguo es un esqueleto femenino descubierto en Etiopía, que los antropólogos bautizaron como «Lucy». Sus huesos tienen unos 3,5 millones de años, al igual que los de su contemporáneo, encontrado poco después en el norte del Chad y llamado «Abel» por el buen humor de los científicos. Tanto Lucy como Abel podían andar erguidos sobre sus cortas piernas, y son por lo tanto representantes del *homo erectus*. Sin duda vivieron en un húmedo periodo interglacial, en el que los actuales desiertos del África septentrional estaban cubiertos por selvas tropicales.

Unos dos millones de años más tarde varios grupos de *homo erectus* habían llegado al sur de Europa, donde debieron soportar una dura ola de frío a causa de la llamada glaciación de Güntz. Hace unos 650.000 años nuestros antecesores aprovecharon una larga era templada para extenderse por Europa y Asia, pasando tal vez a América por el actual estrecho de Behring. Una nueva era glacial alpina llamada Mandel cubrió de hielo casi toda Europa hace 400.000 años, y tras ellas se alternaron deshielos y glaciaciones en el periodo de aparición del *homo sapiens* (250.000-150.000 años), beneficiado más tarde por un prolongado clima favorable que se extendió hasta hace 45.000 años. Se produce entonces la durísima glaciación de Würm, que cubre de hielo la cuarta parte del planeta y reduce en más de 100 m el nivel de los mares. Su deshielo se inicia unos 15.000 años atrás, y acaba precipitándose en el 9.000 a. C.

Se ha comprobado que ya en el año 10.000 a. C. había asentamientos humanos en la Mesopotamia, que pudieron presenciar y sufrir las lluvias e inundaciones del deshielo de Würm. Los sumerios, descendientes de aquellos primitivos pobladores neolíticos, fundaron la ciudad de Uruk en el 3.500 a. C., cuando ya empleaban la escritura cuneiforme. No es descabellado pensar que conservaban oralmente la memoria de aquella catástrofe, y que la registraron en sus textos mitológicos y religiosos. De allí pudieron tomar el mito bíblico los hebreos, o tal vez vertirlo de sus antiguas tradiciones arameas. En tanto se han registrado más de veinte alternancias de glaciaciones y deshielos, que afectaron en forma y épocas distintas a diversos lugares del planeta, es posible trasladar esta hipótesis a los otros mitos sobre el diluvio que hemos descrito anteriormente. Lo que la geología no puede aceptar, desde luego, es la intervención de los dioses en esos acontecimientos; ni la antropología avalar existencia de seres superiores o razas sobrehumanas en el mundo prediluviano. La historia, por su parte, nos dice que fue después de la última glaciación cuando comenzaron a emerger las grandes civilizaciones de la Antigüedad. Y que ellas mismas elaboraron las leyendas que hicieron del diluvio Universal un castigo y una redención para la humanidad.

El origen ignoto de la esfinge de Gizeh

Debemos Asumir que la Esfinge ya existía cuando un inmenso crecimiento de las aguas debió cubrir Egipto. Su cuerpo leonino, excepto la cabeza, muestra signos indiscutibles de erosión acuática.

SCHWALLER DE LUBICZ,
místico y matemático francés, 1952

El enigmático y borroso rostro de la célebre Esfinge de Gizeh ha intrigado desde hace siglos a los estudiosos de la milenaria civilización egipcia. Oficialmente se supone que representa al gran faraón Kefrén, de la IV dinastía, que reinó alrededor del año 2500 a. C. Pero esta versión ha sido cuestionada recientemente por arqueólogos e investigadores independientes, algunos de los cuales han llegado a afirmar que el misterioso monumento tiene no menos de 10.000 años. Sería entonces mucho más antiguo que la propia civilización egipcia (nacida al comienzo del III milenio a. C.), y debió pertenecer a una cultura ignota que los historiadores no han registrado. Los sugerentes y melancólicos ojos de la Esfinge parecen añorar ese misterioso pasado, guardando el secreto de cuándo, por quiénes y porqué fue erigida en medio del desierto.

La planicie de Gizeh, no muy lejos de El Cairo, es el yacimiento arqueológico que aloja las famosas tres pirámides y varias tumbas y templos funerarios, frente a uno de los cuales se levanta la gran Esfinge. Su forma fue esculpida directamente sobre la roca viva, aprovechando un promontorio de piedra caliza. El procedimiento utilizado fue excavar un foso para aislar una formación rectangular, a la que luego se dio forma de un león echado, con las manos extendidas hacia delante. La cabeza es la de un hombre con atributos reales y actitud altiva, que mira hacia el horizonte. El enorme monumento mide 70 m de largo por 20 m de altura, y es la mayor estatua del mundo antiguo que se conserva en la actualidad. Su magnificencia original ha sido erosionada por la acción del tiempo, los elementos, y numerosos depredadores a través de su larga historia. Pero conserva entre sus patas el relieve que representa un sueño de Tuthmosis IV, realizado no menos de mil años después. Ha perdido también la típica barba en perilla rectangular, cuyos restos fueron encontrados pero no devueltos al mentón de la Esfinge, ya que unos fragmentos se guardan en El Cairo y otros en el Museo Británico. En un principio se pensó que se trataba de la representación de una deidad, pero desde hace tiempo los egiptólogos la consideran una imagen funeraria del faraón Kefrén.

¿Un grave error de la egiptología?

El ataque producido en la última década a la versión oficial que data el origen de la Esfinge en el III milenio a. C., ha conmocionado las bases de la egiptología. Esta ciencia multidisciplinaria situaba el nacimiento de la civilización del Nilo en los primeros siglos de aquel tercer milenio. En esa época se unifican los reinos prehistóricos, y con la instalación de la I dinastía comienza a nacer en Egipto una cultura urbana con sus ciudades, templos y monumentos, en los que se inscriben jeroglíficos que narran las crónicas de una auténtica civilización.

«Las viejas damas ocultan su edad»

Esta frase irónica fue proferida por un resignado arqueólogo del Museo Egipcio de El Cairo, ante las acaloradas discusiones de sus colegas sobre el origen de la misteriosa Esfinge. Los egiptólogos conservadores siguen defendiendo la tesis oficial que atribuye la estatua a una imagen del dios solar Harmakis, con los rasgos del faraón Kefrén. Esto data su construcción a mediados del III milenio a. C., pero otros investigadores creen haber demostrado que la Esfinge fue erigida hacia el año 7000 a. C. y alguno retrocede en la cuenta hasta mediados del XI milenio a. C., lo que la situaría en una época anterior al diluvio universal. La vieja dama, desde luego, sigue guardando un pétreo silencio.

A partir de ese escenario cronológico se fue investigando y estableciendo la historia del Egipto faraónico, básicamente a través de estudios de los testimonios arqueológicos y el desciframiento de la escritura jeroglífica. Pero... ¿Cómo explicar que la mayor estatua existente de la civilización egipcia hubiera sido erigida varios milenios antes de su propio surgimiento?

El otro rostro del planeta Marte

El primer aviso a la confortable posición clásica de la egiptología provino en 1970 de un curioso personaje, que combinaba una imaginación delirante con un excelente conocimiento sobre el terreno de los testimonios del antiguo Egipto. John Anthony West, que se ganaba la vida como autor de guías de turismo, escribía por afición libros de carácter esotérico y aprovechaba sus viajes profesionales a Egipto para estudiar *in situ* los monumentos arqueológicos que darían pie a sus fantasiosas teorías. Entre ellas una apasionada defensa de la existencia de la Atlántida y su vinculación con una civilización egipcia prediluviana; o el origen marciano de las primeras culturas terrestres. Ya puesto en ese plan, declaró que el rostro de la Esfinge era una contrapartida especular de la «cara» que algunos astrólogos han creído ver dibujada en la superficie de Marte, y que la estatua había sido erigida muchos milenios antes del reinado de Kefrén, probablemente por un equipo combinado de atlantes y alienígenas.

La imaginación de West se realimentó con sus lecturas de la obra del ocultista y místico francés Schwaller de Lubicz, que también usaba el nombre esotérico de «Aor». Aprovechando su formación como matemático, Schwaller había elaborado un código secreto a partir de los significados ocultos que atribuyó a diversos elementos de la arquitectura y el arte egipcios. Una correcta y completa lectura de ese código, le había permitido saber que los sacerdotes y astrónomos egipcios tenían conocimientos mucho más avanzados de los que les suponía la egiptología oficial, y que esa sabiduría les había sido transmitida por otra civilización anterior de origen desconocido. Una de las pruebas, según él, residía en los rastros de «erosión acuática» en el cuerpo de la Esfinge que describe en la cita inicial de este capítulo.

Desde luego las fabulaciones de West y de Lubicz no pueden ser tomadas en serio desde el punto de vista científico, pero al poner su mira en la Esfinge proporcionaron una excelente pista a los arqueólogos disidentes de la egiptología oficial.

Un geólogo entrometido

El primer académico que cuestionó seriamente la edad atribuida a la Esfinge no fue sin embargo un arqueólogo, sino un reputado profesor de geología. En 1991, instigado por el propio West y por su interés en las nuevas técnicas para la medición cronológica de los materiales geológicos, Robert Schoch se trasladó desde su despacho universitario en Boston hasta el monumental yacimiento de Gizeh en Egipto. Allí disponía de una estatua de piedra datada por los arqueólogos en una fecha bastante precisa, el año 2300 a. C., que podía utilizar para contrastar la exactitud de las técnicas de medición. En sus observaciones Schoch determinó que la erosión de la piedra caliza de la Esfinge obedecía a una prolongada exposición al efecto de fuertes lluvias, como también lo indicaban los restos del foso que la rodeaba, desgastado por el mismo fenómeno.

En la época de los faraones el clima de Egipto era semiárido, con lluvias escasas y débiles que no podían llegar a erosionar las piedras, por lo que Schoch concluyó que la erosión debió haberse producido en el húmedo periodo climático anterior, que se remontaba a unos 7.000 años a. C. Los otros monumentos de Gizeh, en cambio, coincidían con la versión oficial que los databa a mediados del III milenio a. C., al mostrar huellas de erosión eólica y por tormentas de arena.

El geólogo esperaba una posible oscilación de varias décadas, pero encontró una sorprendente diferencia entre la datación arqueológica y la que arrojaba su investigación. Las mediciones con carbono suelen admitir un margen de error, pero una diferencia de milenios solo podía deberse a una garrafal equivocación de los egiptólogos. Para Schoch no había ninguna duda de que el rostro de la Esfinge no podía ser el del faraón Kefrén. En una fecha tan reciente como 1998 el historiador Robert Temple propuso otra explicación para la erosión acuática: que la estatua hubiera sido sumergida intencionalmente en el foso que la rodeaba, ya fuera por razones rituales o prácticas. Estas últimas adquirieron mayor fuerza cuando se comprobó que las filtraciones de humedad de la tumba de Kefrén eran llevadas por un canal hacia ese foso. Una simple medición de sus bordes permite apreciar que, estando lleno, solo los hombros y la cabeza de la Esfinge quedarían fuera del agua. O sea, las partes visiblemente menos afectadas por la erosión.

El teniente Domingo investiga

Como en todo misterio que se precie, en el de la edad de la Esfinge hubo también una investigación policial. El teniente Frank Domingo era un fisonomista del Departamento de Policía de Nueva York. Su trabajo consistía en ir componiendo, por medio de un programa informático, las facciones de un sospechoso según los testimonios de la víctima o los testigos. Por casualidad o por afición se enteró de los trabajos de Schoch, y de las dudas que levantaban en torno a si la Esfinge representaba o no a Kefrén. Dado que su especialidad era la conformación de los rasgos del rostro humano y sus posibles variaciones, el teniente Domingo decidió dirigirse a Egipto con sus instrumentos y su programa de ordenador.

Analizó primero detenidamente los rasgos faciales de una estatua del faraón existente en el Museo de Egiptología de El Cairo, y luego los de la castigada cabeza de la Esfinge. Acto seguido procedió a contrastarlos uno con otro, comprobando que en ningún caso, ni aún aceptando un grado de estilización artística, correspondían a la misma persona. Es de suponer que el profesor Schoch agradeció calurosamente esa intervención policial que confirmaba sus mediciones geológicas.

¿Un monumento antediluviano?

Los cariacontecidos egiptólogos recibieron poco después un nuevo golpe contra su ya tambaleante cronología tradicional. Por fortuna para ellos, esta vez no provino de un reconocido académico ni de un técnico especializado, sino de un escritor esotérico llamado Adrian Gilbert. Coautor con Robert Bauval del best seller *El misterio de Orión*, en el que sostienen que las pirámides de Egipto trazan un mapa de esa constelación, Gilbert anunció haber comprobado que la Esfinge había sido erigida más de ocho mil años antes del indicado por la versión oficial. Utilizando sofisticadas técnicas de computación que no se molestó en revelar, aseguró que en el año 10.500 a. C. la constelación de Leo aparecía en el firmamento del equinoccio de primavera justo frente a la estatua de la Esfinge. Por lo tanto, aseguró Gilbert, la figura con cuerpo de león fue erigida en aquel sitio para marcar ese hecho astronómico. Tomando esta idea de su amigo, Bauval escribió en colaboración con Graham Hancock un libro titulado *El guardián del Génesis*, basándose en la presunción de que la Esfinge, doce veces milenaria, testimonia la existencia de una civilización anterior al diluvio.

Intentando no contrariar en exceso los cánones establecidos por la historia, Schoch había fijado prudentemente la posible edad de la Esfinge en unos 7000 años antes de nuestra era. Se evitaba así apoyar las explicaciones esotéricas referidas a atlantes o marcianos, ya que las grandes civilizaciones neolíticas de la Mesopotamia habían alcanzado en esa época un desarrollo capaz de erigir ciudades y monumentos. La bíblica Jericó era ya una ciudad amurallada, con una enorme torre almenada a la que se subía por una serpeante escalera de arduo diseño. Catal Huiyuk, fundada tres siglos después en la actual Turquía, presentaba arcos de viviendas adosadas y muros artísticamente decorados. En opinión de Schoch esas sociedades eran capaces de erigir monumentos como la Esfinge, y no era imposible que hubiera surgido una cultura similar en el norte de Egipto.

John West, por su parte, aceptó cambiar su tesis de las inundaciones por las lluvias torrenciales de Schoch, pero insistió en mantener como constructores de la Esfinge a los supervivientes de la Atlántida que, como hemos visto en un capítulo anterior, Platón situaba a mediados del X milenio a. C. Esto eliminaba cualquier posible comparación neolítica, pero West fue aún más atrás para defender una auténtica civilización perdida que había erigido la estatua alrededor del año 15.000 a. C. También Schoch había apuntado la posibilidad de que las erosiones de la Esfinge fueran anteriores a su fecha tentativa del año 7000 a. C. En ambos casos, el monumento se situaría en la era glacial cuyo deshielo causó la gigantesca inundación conocida como diluvio universal.

Los mil rostros del faraón

La cabeza de la esfinge es de una pequeñez desproporcionada en relación al cuerpo del león, y el propio Schoch comprobó que está mucho menos afectada por la erosión. Es posible entonces que fuera realmente una imagen de Kefrén, añadida en su momento a una estatua mucho más antigua. Pero antes de entrar en esas disquisiciones, era necesario confirmar si las mediciones fisonómicas del teniente Domingo eran o no concluyentes, en cuanto a que los rasgos de la estatua *no podían* ser los del faraón de la IV dinastía. Mark Lehner, del Instituto de Estudios Orientales de la Universidad de Chicago, dio a conocer en 1992 un minucioso estudio de la Esfinge realizado con técnicas informáticas. Pero Lehner no superpuso al rostro de piedra solo el de la estatua de diorita utilizada por Domingo, sino también rasgos de una escultura de alabastro de Kefrén que se encuentra en el Museo de Bellas artes de Boston. Lo cierto es que ambas imágenes del faraón eran diferentes de la cara de la Esfinge, tanto como a su vez diferían entre sí.

Y si había dos representaciones bastante distintas del faraón, ¿por qué no pudo haber una tercera? La estilización y los rígidos axiomas del arte egipcio no dejaban demasiado espacio para el realismo, sobre todo tratándose de personajes que debían ser alabados e idealizados. Suponer que cualquier representación de un faraón intentaba reproducir su retrato, equivale a creer que los egipcios siempre caminaban de perfil.

La Esfinge y las eras astrológicas

Los egiptólogos conservadores se escudan en el argumento de que los geólogos y los autores revisionistas han sacado a la Esfinge fuera de su contexto histórico y arqueológico. La enorme estatua leonina conjuga perfectamente con todos los otros monumentos erigidos durante la IV dinastía en la planicie de Gizeh, y no parece ser diferente o más antigua que el resto, mostrando un diseño semejante a otras esfinges de esa época, como por ejemplo las que presenta la estela de Tutmosis IV. Todo Gizeh es una especie de parque temático de la IV dinastía, presidido por las imponentes pirámides de los faraones Keops, Kefrén y Micerino, con templos funerarios dedicados a esos mismos gobernantes y numerosos yacimientos de herramientas y objetos de alfarería datados en el III milenio a. C. No hay en la planicie restos de dinastías anteriores, ni de una cultura neolítica ancestral como la imaginada por Schoch. ¿Por qué entonces suponer que solo la Esfinge fue erigida varios milenios antes por una civilización desconocida?

Los tenaces e imaginativos Bauval y Hancock tienen una clara respuesta a esa pregunta. Algún sumo sacerdote de la IV dinastía consiguió develar el secreto de la Esfinge y convenció al soberano de erigir a su alrededor un monumental santuario, que le otorgaría un milagroso poder a él y a sus descendientes. Ese poder, heredado de la gran civilización ancestral, no era otro que el dominio de los astros, y el santuario sería un gigantesco observatorio.

Los adoradores del Sol

Empleando los «avanzados programas de computación» que nunca se acordaban de exponer, Bauval y Hancock realizaron cálculos retroactivos de las posición de los astros y constelaciones. Retomando las ideas de Adrian Gilbert, establecieron que la estatua había sido erigida en 10.500 a. C., y que su figura se orientaba directamente hacia el punto donde surgía la constelación de Leo en el primer equinoccio de aquel año. El hecho de que también estuviera orientada hacia la salida del sol era menos provocadora para los egiptólogos. Los antiguos egipcios identificaban la Esfinge con diversas deidades solares, y muchos otros edificios y monumentos estaban orientados hacia el levante, por la predominancia de la adoración solar que caracterizó a la teología faraónica. Uno de los nombres de la Esfinge era Harmakis o Hor-em-Akhet, que significa «Horizonte de Horus», y otro Sheshep-ankh Atón, «La imagen del dios Sol» (La palabra griega *sphinx* puede ser una contracción de Sheshep-ankh).

En todo caso, descubrir que los egipcios adoraban al Sol y le dedicaban muchos de sus monumentos no era una gran aportación. Pero Bauval y Hancock añadieron que sus cálculos retroactivos demostraban que la Esfinge estaba orientada hacia el Este cardinal, punto de la salida del sol en el equinoccio de primavera, uno de los dos momentos del año en que el día tiene la misma duración que la noche. Sus constructores la habían situado en esa dirección, para marcar ese momento astral que consideraban especialmente propicio.

La era del León

Es sabido que el eje de la Tierra registra una serie de leves oscilaciones a lo largo del tiempo, cuyo nombre técnico es «precesión» y su causa la acción perturbadora de otros planetas sobre la rotación del nuestro. Este fenómeno motiva que las constelaciones aparezcan en el firmamento no solo en distintas posiciones relativas, sino también en diferentes ángulos. Bauval y Hancock sostuvieron que a mediados del III milenio, fecha oficial de la erección de la Esfinge, la constelación de Leo se hacía visible a casi 30 grados de latitud norte respecto al Este geográfico, mientras que en el 10.500 ocupaba exactamente el punto equinoccial de primavera al que miran los ojos atentos de la estatua, y además podía verse en un plano casi horizontal sobre las cabezas de los observadores.

Sabemos también que según los preceptos de la astrología vivimos en el final de la era de Piscis, iniciada poco antes de finalizar el I milenio a. C. El ocultismo cristiano sostiene que por eso Jesús escogió a pescadores como sus primeros discípulos, y el signo secreto de las catacumbas romanas representaba a un pez. Esa era astral está terminando ahora mismo para dejar lugar a la de Acuario, pero fue antecedida por la dominación de otras constelaciones en períodos más o menos bimilenarios. Retrocediendo hasta mediados del XI milenio a. C. nos encontraríamos en un momento astrológico presidido por Leo, la constelación que dio lugar a la construcción de la Esfinge. ¿No sería lo más lógico que la estatua leonina fuera erigida en la era dominada por el león? se preguntan convencidos los dos autores iconoclastas.

Restaurar lo inexistente

En las inscripciones de una estela hallada en Gizeh por los primeros egiptólogos, se cuenta que Tutmosis IV recibió hacia 1410 a. C. la visita de Harmakis, el dios esfinge. Éste le prometió que lo haría el soberano más grande de Egipto, si desenterraba su estatua de la arena que la cubría. En otra parte de la estela aparece parcialmente el nombre de Kefrén, por lo que más tarde se atribuyó a ese faraón la construcción del monumento. Sin embargo, otra inscripción encontrada en la pirámide de Keops explica que éste encargó la reparación de la cola y el tocado de la estatua. En tanto Kefrén era hermano menor de Keops y fue su sucesor, mal podía erigir una esfinge que ya había sido restaurada antes por lo menos una vez. En tanto la estela data del periodo final de los faraones, se ve que los egipcios de entonces no creían que Kefrén fuera el constructor de la Esfinge, y así lo entendieron los pioneros de la egiptología en el siglo XIX. Todo lo que pretenden entonces los revisionistas es volver al pasado, como corresponde a quien se ocupa de arqueología.

La egiptología académica ha resistido a pie firme los avances de estas especulaciones disidentes. Pero quizá alguno de sus miembros, detenido ante la Esfinge bajo la luz rasante del crepúsculo, se pregunte si no está contemplando el último testimonio de una antiquísima civilización perdida.

Un zodiaco anterior a la astrología

Es probable que los antiguos egipcios tuvieran un conocimiento bastante preciso de los movimientos y ciclos del Sol y la Luna, y que estudiaran los desplazamientos de las principales estrellas y constelaciones. Es menos probable, pero no imposible, que esos conocimientos fueran heredados de una civilización neolítica anterior, del tipo de las que florecieron en la Mesopotamia. Pero la hipótesis astrológica de Bauval y Hancock falla por la base, al suponer que los egipcios o sus ancestros conocían y empleaban los signos zodiacales. La carta astral de los doce signos del zodíaco y sus «casas» en el cielo no despertó el interés de los sacerdotes y faraones hasta el siglo II a. C., cuando la Esfinge ya llevaba por los menos dos milenios asentada en la planicie de Gizeh.

Figuras en el cielo

Aunque diversas culturas de la antigüedad elaboraron interpretaciones astrológicas del firmamento, la elección de doce constelaciones para establecer un calendario astral basado en otros tantos signos zodiacales es de origen babilónico, y se remonta al año 1500 a. C. Los nombres de los planetas y constelaciones tal cual los conocemos hoy (y los utilizan los citados autores en su argumentación) nos vienen de la cultura helenística del siglo IV a. C. Los grecorromanos bautizaron a los planetas con los nombres de sus dioses, y a las constelaciones con referencia a animales, objetos o personajes de su mitología cuya forma sugería la disposición de las estrellas: Leo, Centauro, Capricornio, Tauro, Acuario, Géminis, etc. Las constelaciones no responden a una agrupación real de estrellas desde el punto de vista astronómico, sino a una interpretación del firmamento según lo vemos desde la Tierra. Se han compuesto formando figuras imaginarias con líneas que unen los puntos estelares, sin tomar en cuenta su intensidad, posición real en el universo, o distancia entre sí y con nuestro planeta. Sus trazados son en varios casos bastante caprichosos, y algunos solo logran un forzado indicio de la figura que se les atribuye. No resulta creíble que los presuntos astrólogos egipcios o protoegipcios vieran en el cielo las mismas figuras que imaginaron los griegos, y formadas por las mismas estrellas. Por ejemplo la figura de un león o, para poner un ejemplo más flagrante, la del gigante de la mitología griega llamado Orión.

El zodiaco y los dioses zoomórficos

Si hacemos retroceder el reloj astrológico según la propuesta de Bauval y Hancock, encontramos algunas coincidencias que parecen apoyar sus hipótesis. Los dos milenios anteriores a nuestra era fueron regidos por el signo de Aries, el carnero, que era el animal sagrado en el culto de Amón-Ra. Y el bimilenio precedente, que llega hasta el año 4000 a. C., resulta presidido por el signo de Taurus, el toro, una figura habitual en la mitología y la liturgia de los egipcios de esa época. Pero también en varias otras culturas de la antigüedad, desde el Indostán hasta la Creta minoica con su famoso Minotauro, pasando por el episodio bíblico del becerro de oro. En cuanto al carnero, era otro animal venerado por su fuerza y por el simbolismo viril de los cuernos, tal como expresa el mito del vellocino de oro o el frecuente uso de su piel como capa ritual en ceremonias mágico-religiosas. La abundancia y difusión de los cultos zoomórficos en la prehistoria y el mundo antiguo, permite suponer que los egipcios pudieron honrar ídolos con forma de toro, carnero, u otros animales, sin relación alguna con la constelación que reinaba en ese momento sobre su cielo.

En el calor de la Antártida

Cuanto más hacemos retroceder el reloj astrológico a lo largo de los milenios, más inconsistente resulta la idea de relacionar las creencias religiosas con la dominancia de los signos del zodiaco. Para llegar hasta la era de Leo, que habría inspirado la construcción de la gran Esfinge en el año 10500 a. C. deberíamos atravesar un páramo de culturas ignotas que rindieron culto a unos gemelos celestes (Géminis) en el VI y VII milenio a. C., o una desaparecida civilización que idolatraba a los cangrejos (Cáncer) entre el VIII y el IX milenio. Desde luego no existe el más mínimo indicio de este tipo de creencias basadas en la astrología, que por otra parte aún no había sido inventada. Hay que agregar que la precesión de los equinoccios anuales fue descubierta por el astrónomo griego Hiparco en el siglo II a. C. basándose en los registros de observaciones astronómicas de los sacerdotes asirio-babilónicos, que no podían conocer los habitantes de las orillas del Nilo a finales del paleolítico.

Hancock salva estos duros escollos recurriendo a un mito semejante al de la Atlántida, que no sitúa la gran civilización original en un continente sumergido sino en el de la Antártida. Allí, según él, floreció en la edad glacial una cultura que alcanzó extraordinarios conocimientos astronómicos y astrológicos, de la cual heredaron los protoegipcios el culto a la constelación de Leo. ¿Cómo pudo sobrevivir una civilización avanzada próxima al polo sur, en una era en que gran parte del planeta estaba cubierta de hielo? ¿Y de qué medio se valió para transmitir su sabiduría a unos 15.000 km de distancia? Hancock tiene respuesta para todo: los continentes tenían entonces otra distribución, que fue alterada por un masivo terremoto o el choque de un enorme meteorito que conmovió toda la corteza terrestre, motivando su configuración actual. En aquel mapa anterior lo que hoy es la Antártida estaba en una zona cálida, unida a la costa occidental de África (lo que explica el contacto de sus pobladores con la gente del Nilo) y luego la tremenda catástrofe la desplazó bruscamente hacia el sur. Ningún geólogo en sus cabales aceptaría tal argumentación, que acomoda los desplazamientos tectónicos a la necesidad de explicar lo inexplicable.

Las dudas siguen allí

La falsedad de las propuestas más excéntricas en torno al origen de la Esfinge, planteadas con deliberada o ingenua ignorancia científica, no libera a la ciencia de tomar en cuenta muchas de las dudas planteadas por los investigadores que disienten de la versión ortodoxa. La honestidad profesional de los egiptólogos actuales debe afrontar esos desafíos, y aceptar que hay temas que deben revisarse proponiendo de nuevas teorías e investigaciones.

Es evidente que hasta hoy no se ha demostrado que la cabeza de la estatua pertenezca al faraón Kefrén, o que no haya sido implantada sobre un monumento anterior. Existen también por lo menos dudas razonables sobre la época en que fue erigida la Esfinge, y sobre las verdaderas causas de su erosión. Aunque lo razonable es intentar despejar esas incógnitas, perderíamos el halo de misterio que rodea la enigmática mirada de su rostro ambiguo y milenario sobre un cuerpo de león.

Los astrónomos prehistóricos de Stonehenge

Stonehenge, donde piedras de magnífico tamaño se erigen a la manera de pórticos dispuestos en arco, y nadie puede concebir cómo esas grandes rocas han sido levantadas o porqué fueron llevadas allí.

HENRY DE HUNTINGDON,
Historia de Inglaterra, siglo XII

Los hombres de la prehistoria han dejado un imponente y callado testimonio de su presencia, que supera la imagen típica de un grupo de salvajes semidesnudos sentados alrededor del fuego en la boca de una caverna. En distintos lugares de Inglaterra y de la Bretaña francesa se levantan extrañas agrupaciones de enormes monolitos y trilitos, dispuestos en filas, arcos y círculos que evidencian un conocimiento de la geometría y de la técnica necesaria para transportar y poner en pie esos grandes bloques de piedra. Su exacta distribución sugiere que cumplían una finalidad determinada, que sigue siendo uno de los mayores misterios que guarda aquel pasado remoto e ignorado. Las mediciones realizadas recientemente han demostrado que la tarea de construir uno de esos monumentos megalíticos consumió alrededor de un milenio. Debe descartarse por tanto que tuvieran un objetivo práctico, relacionado por ejemplo con la caza u otras actividades comunes, y atribuirles una función más trascendente y perdurable a través de generaciones. La primera hipótesis propuesta por los investigadores fue la de que esos círculos e hileras de piedras eran una especie de santuario para rituales primitivos, probablemente algún tipo de culto solar. Estudios posteriores comprobaron que la orientación y alineación de los monolitos podía estar relacionada con los movimientos y ciclos de los planetas y estrellas, con lo que esos sitios serían verdaderos observatorios celestes, construidos y utilizados por una elite sacerdotal que dominaba aspectos avanzados de la geometría y la astronomía.

Un enigmático monumento milenario

El gran monumento de Stonehenge, en la llanura inglesa de Salisbury, es la mayor y más célebre de estas misteriosas alineaciones de piedras. Conocido y visitado desde tiempo inmemorial, su origen permanece inexplicado (o al menos muy discutido) pese a los numerosos estudios y teorías que ha provocado su enigmática presencia. Los grandes bloques de piedra arenisca azul (bluestone) o de pesada piedra gris, se elevan solitarios con más de cuatro metros de altura, algunos reunidos para formar un trilito, o conjunto de dos piezas verticales y otra horizontal.

El gozne de piedra

El conjunto se distribuía originalmente en dos círculos concéntricos (faltan algunos monolitos y otros yacen en el suelo, o solo quedan trozos), que formaban una galería o atrio circular en torno a un recinto interior en forma de herradura. Dentro de este se disponían cinco pesados trilitos y en el centro una roca exagonal llamada «altar», y que quizá realmente lo fuera. El círculo es la figura dominante, ya que todo el monumento se sitúa en el centro de una circunferencia trazada por un foso no muy profundo y su correspondiente terraplén. Esta delimitación se abre en dos «puertas», una al norte y otra al sur, mientras que al noreste se inicia una ancha «avenida» que parece haber sido la entrada principal al ámbito de Stonehenge. En el otro extremo de esta avenida, y por lo tanto fuera del círculo, se levanta un monolito solitario llamado «el Tacón» por su forma cónica.

El conjunto pétreo de Salisbury estuvo allí durante toda la historia de Inglaterra, intrigando a los estudiosos o curiosos de distintas épocas, y dando lugar a las más diversas teorías e interpretaciones. A lo largo de los siglos surgieron numerosas hipótesis, algunas realmente excéntricas, para explicar el origen y la razón de aquellos impresionantes monumentos milenarios. Es probable que ya en el siglo V los invasores sajones hayan llegado al lugar, dado que el propio nombre de Stonehenge proviene de su lengua, llamada también inglés antiguo. *Stone-* viene de *stan*, que significa piedra, y *-henge* de *hencg*, que a su vez dio hinge, con el sentido de gozne o bisagra. ¿Qué giraba en torno al pernio de ese gozne? La orientación de los monolitos y las líneas imaginarias que los unen permiten suponer que se trataba del Sol y que, como ya hemos apuntado, todo el conjunto pudo ser un templo solar o incluso un observatorio astronómico.

El panteón británico del mago Merlín

En lo que refiere a los testimonios históricos, el primer registro escrito de la existencia de este «gozne pétreo» se debe al clérigo Henry de Huntingdon, que publicó alrededor de 1130 una Historia de Inglaterra, manifestando su estupor ante el monumento con las palabras que se citan al inicio de este capítulo. Pocos años después el obispo e historiador Geoffrey de Monmouth daba a conocer en latín su propia *Historia regum Britanniae*, cuyo punto fuerte es la fabulosa saga del rey

Arturo. El prelado se consideraba descendiente de los primitivos britanos, y aseguró a los doctores de Oxford que su obra era la traslación de «un libro muy antiguo escrito en inglés». Geoffrey no duda en atribuir a las sorprendentes artes del mago Merlín la construcción de Stonehenge, en memoria de los nobles británicos asesinados por los sajones en tiempos del gobernador Aurelio Ambrosio, que a su vez era cuñado de Uther Pendragón, el padre de Arturo. La patriótica y legendaria versión del obispo de Monmouth tuvo un enorme éxito, tanto en Inglaterra como en el resto de Europa. Durante todo el medioevo Stonehenge fue considerado como un testimonio material de la magia de Merlín, y por tanto de su existencia histórica y la de los otros personajes de la saga artúrica.

El templo romano de Iñigo Jones

El Renacimiento hundió en el olvido a Stonehenge, porque los intelectuales y filósofos centraron su interés por el pasado en el período clásico de Grecia y Roma. En el siglo XVII, el célebre arquitecto inglés Iñigo Jones recogió esa tradición para sostener y demostrar que los monolitos de Salisbury eran los restos de un templo romano. El «redescubrimiento» de Stonehenge había comenzado en 1620, cuando el rey Jacobo I visitó el lugar. El soberano inglés era un hombre tan taciturno como cultivado, que impulsaba las ciencias, las artes y las letras, siguiendo la herencia de la esplendente era isabelina. Entre sus protegidos más ilustres se contaba Jones, a quien le fue encomendada la tarea de levantar un plano del recinto y buscar testimonios de su origen. El arquitecto no creía en los hechizos merlinescos ni admiraba las fantásticas epopeyas narradas por Geoffrey de Monmouth. Hombre de su tiempo, consideró que los antiguos britanos eran demasiado rústicos y primitivos para haber erigido esa maravilla, y que solo los romanos podían haber emprendido semejante obra. Creyó descubrir rasgos de columnas toscanas en algunos monolitos y trazó un detallado plano de lugar, alterando un poco su geometría para ajustarla al diseño de los templos romanos de planta circular. Sus adversarios echaron en falta los relieves y escrituras que solían adornar los edificios clásicos, denunciaron que Iñigo había convertido la herradura central en un hexágono, y que las supuestas columnas toscanas no mostraban su típica esbeltez ni las bases y capiteles que las caracterizan. El arquitecto murió antes de poder responder a estas críticas, y su trabajo fue completado y publicado por su leal discípulo John Webb.

La corona vikinga del doctor Charleton

El misterio de Stonehenge siguió de moda entre la clase ilustrada en la segunda mitad del siglo XVII. Walter Charleton, médico privado de Carlos II, viajaba con cierta frecuencia a Dinamarca y sentía afición por la historia de los antiguos normandos y vikingos. A partir de comentarios sobre la existencia de megalitos en algunas regiones escandinavas, no tardó en proponer la teoría de que el recinto pétreo de Salisbury había sido obra de los invasores vikingos que dominaron casi toda Gran Bretaña en el siglo IX de nuestra era. Según Charleton, los vikingos utilizaban esos santuarios de piedra para coronar a sus reyes y grandes jefes, y de allí el simbolismo de las hileras circulares en forma de corona.

Algunos eruditos de la época objetaron que los vikingos eran esencialmente piratas y mercaderes de esclavos, sin tiempo disponible ni conocimientos técnicos como para excavar, tallar, trasladar y erigir aquellos gigantescos bloques de piedra. La comprobación de que los monolitos escandinavos eran mucho más pequeños que los de Stonehenge, acabó por derrumbar la hipótesis del doctor Charleton.

El santuario de los druidas

En 1666 el escritor y paleotólogo John Aubrey, que estaba trazando un nuevo plano de Stonehenge, descubrió un perfecto círculo de depresiones que seguía la línea interna del foso, llamadas desde entonces «agujeros de Aubrey». El investigador encontró ciertas similitudes con otras marcas circulares que había visto en el emplazamiento megalítico de Avebury, y llegó a la conclusión de que Stonehenge era uno más, sin duda el más grande y mejor conservado, de los monumentos pétreos prehistóricos diseminados por toda Inglaterra. Volvió así en cierta forma a las ideas del obispo Geoffrey, atribuyendo nuevamente su construcción a los primitivos britanos, sin necesidad de ayuda extranjera.

La teoría de Aubrey alcanzó gran popularidad gracias al libro publicado en 1740 por William Stukeley, con el título de *Stonehenge: restauremos el templo de los druidas británicos.* Convencido de que el lugar era un santuario sagrado de sus ancestros, Stukeley encabezó una ardorosa campaña a favor de su preservación, denunciando la acción de turistas y depredadores, que robaban los trozos de piedra que podían transportar o encendían hogueras junto a los monolitos. El derrumbe de un gran megalito en febrero de 1797, convenció al gobierno y a las universidades británicas de que debían proteger y estudiar científicamente aquel excepcional testimonio de su prehistoria.

El planetario sajón de sir William Petrie

La celebridad de sir William Matthew Flinder Petrie se debe a haber sido uno de los primeros arqueólogos que utilizó métodos científicos de excavación y estudios sistemáticos de los hallazgos, principalmente durante sus estancias en Egipto, donde fundó en 1906 la Escuela de Arqueología de El Cairo. En su juventud, apenas acabados sus estudios, llevó a cabo un estudio metódico de Stonehenge, midiendo la posición de cada megalito con un margen de error de solo 3 cm. En 1877, con 24 años, Petrie elaboró una hipótesis astronómica para datar la construcción del monumento. Trazó entre uno de los trilitos centrales y la piedra del tacón, una línea imaginaria cuya prolongación apuntaba a la salida del sol en la mitad del verano. Calculando las variaciones de la posición del sol, comprobó que su línea visual llegaba al punto exacto del amanecer en el año 730. Proclamó entonces que Stonehenge había sido levantado por los sajones, como observatorio solar.

Una vez más, no tardaron en aparecer las críticas. La principal era que los sajones no destacaban por sus conocimientos astronómicos, y que tampoco podían considerarse un pueblo prehistórico. Por otra parte la caprichosa selección de esos dos puntos guía podía aplicarse a cualquier otro par de monolitos de Stonehenge, hasta encontrar una línea que tuviera alguna relación con los movimientos astrales.

Un informe demorado

Stonehenge había pasado en 1918 a ser propiedad del Gobierno británico, el cual encomendó un completo informe sobre el lugar al coronel William Hawley, un experto arqueólogo militar. Éste realizó numerosas excavaciones y mediciones en un ambicioso proyecto que le llevó siete años completar, y que lo llevó a resultados contradictorios y conclusiones confusas. «Cuanto más excavamos, más hondo se hace el misterio» declaró a la prensa al abandonar la empresa en 1923. Su colega Richard Atkinson intento retomar la tarea empleando las notas y borradores del coronel, que completó con nuevas excavaciones al frente de un equipo de la Universidad de Cardiff.

El altar sangriento

Uno de los primeros científicos que realizó excavaciones metódicas en Stonehenge y la planicie circundante fue el arqueólogo William Cunnington. Tras descubrir dos montículos funerarios en las cercanías del monumento, en la primavera de 1810 realizó una nueva expedición para estudiar las características del «Altar de los sacrificios». Esta piedra yacente en forma de mesa muestra unas estrías cuyo color rojizo oscuro semeja la sangre seca. Cunnington estableció que el megalito había estado originalmente de pie, con lo que los sacrificios deberían realizarse a una altura un tanto incómoda y la sangre manar en una dirección curiosa. Más tarde los geólogos comprobaron que los rastros de supuesta sangre eran en realidad marcas ferrosas del mineral contenido en la piedra, oxidado y arrastrado por las lluvias.

Pero Atkinson acabó tomando su propio derrotero, y propuso sin mayor fundamento que Stonehenge había sido construido antes de promediar el II milenio a. C. La comunidad científica no aceptó esta versión, y el informe pasó a dormir durante varias décadas en algún cajón de archivo. Finalmente los trabajos de Hawley y Atkinson encontraron una interpretación consistente en el detallado informe elaborado en 1995 por un equipo de Museo de Avebury, bajo la dirección de Ros Cleal. Por primera vez, se propone una cronología de Stonehenge sobre bases científicas y empleando las últimas técnicas de medición:

Cronología de Stonehenge, según el doctor Ros Cleal:

- 3000 a. C. - Construcción del terraplén y el foso, rodeando un círculo de postes de madera plantados en los «agujeros de Aubrey».
- 2900 - 2500 a. C. - Excavado de pozos de cremación junto a los «agujeros de Aubrey»; y construcción de pequeñas estructuras de madera en el centro del recinto, unidas a la puerta sur por hileras de postes.
- 2500 a. C. - Primeros traslados y erección de algunos de los bloques de piedra.
- 2000 a. C. (aprox.) - Trazado de la «avenida» del noreste y erección de la piedra Tacón.
- 1600 a. C.- Finaliza la construcción del monumento, con los monolitos y trilitos formando los círculos y herraduras que aún pueden verse en la actualidad.

Esta cronología basada en mediciones de carbono determinó que el gigantesco Stonehenge fue construido en varias etapas entre el III y II milenio a. C., necesariamente por los ancestros de los primitivos britanos. Quedaron así fuera de juego las hipótesis sobre el posible origen romano, celta, artúrico, sajón o vikingo del monumento, pero restaban aún por resolver el cómo y el porqué de su construcción.

Transportistas e ingenieros neolíticos

Las formaciones de piedra arenisca más próximas a Stonehenge son unas colinas que se encuentran a unos 30 km, más allá del límite septentrional de la llanura de Salisbury. No resulta fácil entender cómo se las arreglaron sus constructores para trasladar desde esa distancia bloques de varias decenas de toneladas, contando solo con sus propias fuerzas y su inventiva. Este

La teoría del puñal micénico

La idea de que los antiguos britanos no pudieron llevar a cabo una obra como Sonehenge sin colaboración o al menos influencia extranjera, tuvo aún otra manifestación tardía. El ya citado Atkinson encontró en sus excavaciones un puñal de piedra, cuyo contorno labrado era, en su opinión, idéntico a las dagas de la civilización griega que floreció en Micenas alrededor del 1500 a. C. De allí supuso que una supuesta invasión o visita de los micénicos hizo posible erigir el monumento de piedra. No tuvo en cuenta que en la propia Micenas no se levantó ninguna construcción parecida, y no llegó a saber que, según mediciones posteriores, el puñal de Stonehenge es anterior al II milenio a. C.

problema ha traído de cabeza a antropólogos e historiadores, con excepción del beatífico cronista Geoffrey de Monmouth, que ya en el siglo XII había resuelto el problema: el mago Merlín ordenó a los gigantes voladores que entonces poblaban Inglaterra que trajeran las moles de piedra desde África.

Los científicos del siglo XX, que no creían en brujerías medievales, buscaron algún fenómeno o fuerza natural que pudiera haber jugado el papel que Geoffrey asigna a los gigantes alados. La propuesta más plausible fue la de una glaciación que empujó aquellas rocas hasta depositarlas en la llanura. Pero no se encontraron, en los terrenos circundantes trozos sueltos de piedra arenisca (como hubiera sido previsible en el caso de una glaciación), sino que ese material aparece solo en los monolitos y obeliscos del monumento. Por otra parte debería haberse tratado de un fenómeno exclusivo de esa región, ya que no hay casos de otros glaciares que hayan arrastrado rocas de gran peso a tanta distancia. La imprecisión en establecer si hubo o no una fuerte glaciación que afectó a esa zona a mediados del I milenio a. C., acabó por desprestigiar esta ingeniosa teoría.

El último experimento

Más tarde se sugirió que las piedras de arenisca pudieron ser transportadas en balsas fluviales de troncos hasta unos 3 km de su asentamiento, y luego arrastradas sobre armazones de madera semejantes a trineos. Pero esa solución no era válida para las pesadas piedras grises de más de 40 toneladas, que debieron recorrer desniveles y terrenos abruptos. Todos los experimentos y simulaciones realizadas, imitando a veces los métodos propuestos para los moai polinesios (ver el cap. Los enigmas de la Isla de Pascua), no consiguieron encontrar una técnica eficaz para trasladar esas moles más de unos pocos metros.

Esos ensayos habían demostrado que los troncos rodantes que se intentó usar para trasladar las piedras, tendían a amontonarse unos sobre otros al soportar pesos de más de diez toneladas. La idea de hacer «andar» poco a poco los monolitos que había probado Heyerdahl en la Isla de Pascua, no parecía viable en recorridos de larga distancia. Era necesario pensar en otro tipo de sistema de transporte, y eso fue lo que se propuso el ingeniero británico Mark Whitby. Este investigador tomó contacto con el arqueólogo Julian Richards, y en 1995 ambos consiguieron que la BBC financiara la construcción de una réplica de la inmensa mole de piedra gris que formaba parte del trilito de Stonehenge llamado «Gran Trilitón», financiando además los gastos del experimento.

La hipótesis de Whitby y Richards era que las piedras habían sido arrastradas utilizando una plataforma de tipo trineo, que se deslizaba sobre una pista engrasada con brea. Una vez reproducidas estas condiciones, hicieron que unos 130 hombres tiraran de otras tantas cuerdas amarradas a la copia del Gran Trilitón. El ingenio funcionó sorprendentemente bien colina abajo y en terreno llano, pero se atascó ante los primeros desniveles. El problema estaba en la solución: la brea había pegado totalmente el trineo a la plataforma, y las cuerdas no conseguían levantarlo para salvar los obstáculos. Finalmente el tropiezo se solucionó usando estacas como palancas, y la inmensa piedra continuó su travesía sin mayores incidentes.

Poner en pie la gran roca

Una vez que la piedra finalizó su recorrido, el experimento de la BBC pasó a su segunda etapa: poner en pie el monolito. Whitby había ideado un método relativamente sencillo: hizo cavar un pozo y rellenar el fondo con piedras, y luego arrastrar el monolito para que asomara sobre el borde del agujero. Entonces se lo empujó poco a poco, hasta que su base se inclinó dentro del pozo. Para izarlo a la posición vertical, se empleó una armazón de troncos en forma de A, accionada hacia arriba por cuerdas y sostenida por sucesivos montones de piedras para asegurar cada etapa.

Aunque demostraron que su método era eficaz para trasladar los monolitos, utilizando recursos al alcance de los primitivos britanos, Whitby y Richards no tenían posibilidad de probar que esas fueran realmente las técnicas empleadas hace unos 4.500 años. Lo que sí es cierto es que los constructores de Stonehenge pusieron una gran imaginación y un ciclópeo esfuerzo para levantar aquel imponente monumento, y que debieron tener una razón muy poderosa para hacerlo.

Los sacerdotes astrónomos

Los primeros antropólogos ingleses que visitaron Stonehenge lo consideraron, como tantas otras construcciones antiguas, un simple monumento para exaltar una hazaña guerrera o conmemorar un acontecimiento luctuoso. En esto último coincidían con nuestro conocido Geoffrey de Monmouth, cuando explicó el monumento de Salisbury como un homenaje artúrico a los mártires britanos ejecutados por los sajones. Los primeros arqueólogos y antropólogos, inducidos quizá por el carácter laudatorio de las columnas, arcos y templos romanos, solo se preguntaron a qué deidad, gran jefe o gloriosa victoria había sido dedicado.

Pero en los últimos años del siglo XIX surgió una idea que aún hoy enciende el interés y las controversias en los ámbitos científicos. Como ya hemos mencionado, a partir de diversas mediciones en Stonehenge, Avebury y otros monumentos megalíticos, se comprobó que sus líneas maestras tenían una clara relación con los movimientos astrales. ¿Significaba esto un conocimiento astronómico avanzado, ostentado por una elite que lo utilizaba como instrumento de poder? Si fuera así, deberían revisarse los conceptos aceptados sobre el primitivismo de las comunidades prehistóricas y sobre la propia génesis de las investigaciones científicas.

Para la tradición académica la historia comienza a partir de los primeros registros escritos, ya sean jeroglíficos, cuneiformes o de otro tipo. Lo que plantean los defensores de una ciencia astronómica prehistórica es que ciertas culturas pudieron alcanzar un alto desarrollo en la observación y los cálculos astronómicos, y en las matemáticas necesarias para ello, sin llegar disponer de un sistema de escritura que les permitiera contarlo a la posteridad. La idea no parece descabellada, y para sostenerla se ha recurrido a monumentos como las pirámides egipcias o, precisamente, a las construcciones megalíticas de los antiguos britanos.

¿Una astronomía prematura?

En 1890 una figura destacada de la ciencia británica de la época inició un viaje de estudios de dos años por Grecia y Egipto. Sir Joseph Norman Lockyer, director del Observatorio de Física Solar de Londres, era también el fundador de la revista *Nature*, que todavía hoy es una referencia obligada para la publicación de investigaciones y avances científicos y que Lockyer dirigió hasta su muerte en 1920. Durante su visita a los testimonios de las antiguas civilizaciones griega y egipcia, observó que los templos tenían a menudo una posición curiosa con respecto a su entorno. Se preguntó entonces si esa extraña orientación no correspondería a un fenómeno astral, como ocurre con algunas iglesias cristianas orientadas hacia el punto del amanecer en la fecha de su santo patrón. Estudiando los templos y monumentos egipcios a partir de esa hipótesis, comprobó que estaban orientados según la línea de los movimientos solares y estelares, especialmente la del solsticio de verano. Esto suponía unos sacerdotes y arquitectos con considerables conocimientos astronómicos, y una revolución en la historia de la ciencia que Lockyer definió en el título del libro que dedicó al tema: *El amanecer de la astronomía*, publicado en 1894.

En esa obra el director de *Nature* sostenía y pretendía demostrar que la ciencia de observar los astros y sus movimientos con respecto a la Tierra había nacido varios milenios antes de nuestra era, y que muchas construcciones de esos tiempos eran observatorios o instrumentos que marcaban fenómenos celestes. Esa idea de un nacimiento prematuro de la astronomía no fue bien recibida por la comunidad científica, que entendía a la verdadera ciencia como un producto de la civilización europea, que se remontaba a los sabios griegos y a los descubrimientos científicos del Renacimiento.

Los calendarios celtas

Lockyer volvió entonces su atención hacia Stonehenge y otros monumentos megalíticos, dedicando gran parte de su tiempo libre a mediciones y cálculos de su orientación y sus alineaciones. Comprobó así que gran parte de esos monumentos indicaban los movimientos estelares y los ciclos del Sol y la Luna, a su entender con el fin de marcar las líneas de sus sucesivas posiciones. Lockyer concluyó también que esas marcaciones permitieron elaborar los ajustados calendarios de ocho periodos anuales, adoptados luego por los celtas. El conjunto de monumentos británicos indicaría la existencia de una cultura común a todo el territorio insular, dirigida por los misteriosos sacerdotes astrónomos.

Esta segunda teoría de sir Joseph fue mejor recibida por algunos de sus colegas, quizá porque no situaba el nacimiento de la astronomía en la orilla del Nilo, sino que lo atribuía a sus propios ancestros, ubicándola en las campiñas y valles británicos. Pero los círculos académicos más estrictos volvieron a rechazarla, aduciendo que confundía los ritos bárbaros primitivos con la auténtica ciencia. Y lo cierto fue que en las décadas siguientes el tema pasó a ser una suerte de tabú entre los científicos, que lo consideraban una desviación esotérica y superficial de la investigación antropológica.

El observatorio solilunar

Lockyer había demostrado que el eje de Stonehenge es sin duda una línea que apunta al amanecer estival y al ocaso del sol en invierno, con la gran avenida de entrada situada en el primer punto. El sol surge a mitad del verano por detrás de la piedra Tacón, quizá erigida en ese punto para ajustar más exactamente la delineación. En aquel momento la comunidad científica volvió a escudarse en el argumento de la casualidad, aunque llegó a aceptar que los britanos, quizá por motivos religiosos, sabían situar los ciclos solares del año. Pero en ese caso ¿qué función cumplía el resto del monumento?

Quien decidió buscar seriamente una respuesta a este interrogante fue el astrónomo Gerald Hawkins, profesor en la Universidad de Boston. En 1963 registró todos los alineamientos posibles entre los elementos de Stonehenge y luego los contrastó por ordenador con diversos mapas y simulaciones de los movimientos astrales, según el firmamento que podía verse desde el sur de Inglaterra al promediar el II milenio a. C. Su experimento arrojó resultados que superaban el nivel de la pura casualidad respecto a los ciclos solares y lunares, pero no encontró relación alguna con otros astros y estrellas. Hawkins publicó sus conclusiones en 1963, no por casualidad en la revista *Nature*, afirmando que los «agujeros de Aubrey» habían funcionado como calculadoras prehistóricas, y que los 56 hoyos servían para colocar hitos movibles que permitían anticipar los eclipses lunares. Su gran argumento consistió en que ese fenómeno ocurre cada 18,61 años, cifra que es casi exactamente un tercio de 56, como cualquiera puede comprobar haciendo la operación.

Los colegas de Hawkins no acabaron de dejarse convencer, especialmente porque la fecha escogida para su estudio, el año 1.500 a. C., era próxima a la finalización del monumento, pero muy tardía respecto al proyecto e inicio de su construcción. Y por muy astrónomos que fueran los britanos, no podían haber previsto un observatorio celeste que utilizarían varios siglos después.

La yarda megalítica

Pero la idea de unos astrónomos anteriores a la astronomía era lo bastante provocativa como para encontrar nuevos adalides. Poco después de los trabajos de Hawkins, otro investigador inquieto produjo una desafiante aportación. El ingeniero Alexander Thom, de la Universidad de Oxford, estudió detalladamente durante varios años todos los yacimientos prehistóricos de Gran Bretaña, al tiempo que iba publicando una serie de trabajos que ponían en cuestión las tesis oficiales sobre el primitivismo de los britanos prehistóricos. Sus mediciones demostraban que todos los monumentos y alineaciones habían sido situados y construidos siguiendo una misma medida de longitud, equivalente a unos 90 cm, que Thom bautizó como «la yarda megalítica» (la yarda inglesa mide 91,44 cm). Comprobó además que las disposiciones circulares de los monolitos no solo conformaban anillos o herraduras, sino también formas curvas más complejas, como óvalos y elipses, cuyo trazado exigía conocimientos de geometría euclidiana, dos milenios antes del nacimiento del propio Euclides, en el siglo III a. C.

Esas formas se repetían en monumentos muy distantes, para los cuales se había empleado la misma unidad de medida o «yarda megalítica». Dicha unidad de 90 cm no era asimilable a una referencia anatómica, como el brazo, el palmo o el pie, generalmente utilizadas por diversas culturas de la antigüedad, sino que requería un modelo convencional del tipo de nuestro metro patrón, y una cultura avanzada y centralizada que distribuyera y administrara esos conocimientos en toda Gran Bretaña y posiblemente Irlanda y el noroeste de Francia. Thom agrega así a la presunta sabiduría astronómica de los britanos prehistóricos, unos sorprendentes conocimientos de los axiomas de la geometría espacial.

Una «red universitaria»

En 1981 el doctor Euan McKie, del Museo Hunteriano de Glasgow, consolidó la hipótesis de que los distintos monumentos formaban parte una red de «universidades» prehistóricas, donde una casta de sacerdotes sabios estudiaban los movimientos del firmamento y formaban a las nuevas camadas de astrónomos iniciados. Sostuvo que al igual que las acrópolis mayas, esos sitios no pertenecían a asentamientos habitados, sino que eran templos rituales místico-científicos, ocupados exclusivamente por los maestros astrónomos y sus discípulos. En nuevas excavaciones en Gales y el sur de Inglaterra se descubrieron bases de postes clavados uno junto a otro en el suelo, así como trozos de la alfarería acanalada que usaban los jefes y personajes destacados de las primitivas comunidades britanas. Tal hallazgo pareció confirmar las aseveraciones de Thom y MacKie, que interpretaron las empalizadas de postes como paredes de los cenáculos y habitaciones del claustro de estudiosos, que al ser la clase gobernante empleaban los exclusivos cacharros acanalados.

La inquietante revisión que esta hipótesis planteaba era que la antropología dejara de considerar a los grupos prehistóricos como asentamientos aislados, y aceptara la posibilidad de una nación organizada en torno a un poder religioso, basado en conocimientos herméticos de astronomía, matemáticas y geometría. Ese poder controlaba las construcciones megalíticas y aprobaba los patrones de la «yarda megalítica» que se utilizarían para erigirlas. Esta suposición encontró una vez más fuertes resistencias en las academias científicas, que promovieron numerosos estudios para ponerlas en tela de juicio y, de hecho, poder archivarlas definitivamente.

El gran inquisidor de las «herejías» de Thom y MacKie fue el matemático Douglas Heggie, que se dedicó a analizar por métodos estadísticos la presunta unicidad de los diseños y medidas de los monumentos megalíticos. Sus resultados fueron, como la ciencia oficial esperaba, demoledores. Las semejanzas de geometría y orientación no superaban el uno por ciento del total, al alcance de cualquier margen de casualidad, y las unidades de longitud eran bastante variables aunque probablemente basadas, como en otras culturas primitivas, en el paso de un hombre. Heggie acotaba, con la ácida ironía que suelen ejercer los matemáticos respecto a las suposiciones, que ni quien daba el paso ni quien lo medía necesitaban dominar la geometría euclidiana. Otros investigadores apuntaron que los posibles patrones de medida pudieron ser varas de madera resistente o cuerdas flexibles escogidas al azar, sin necesidad de un metro patrón administrado por una elite de sacerdotes sabios.

Los cálculos computadorizados de Heggie y otros estadísticos echaron por tierra la hipótesis de una nación unificada que reunía todas las tribus y poblaciones prehistóricas británicas, pero también es cierto que pasaron de puntillas sobre un buen número de monumentos cuyas orientaciones y alineaciones apuntaban a los movimientos astrales. Los seguidores de Alexander Thom aceptaron que tal vez los sacerdotes primitivos no fueran jefes de estado, pero eso no cuestionaba que tuvieran notables conocimientos astronómicos.

Bajo el cielo de Escocia

Dispuesto a rehacer su alicaído prestigio, Euan MacKie se trasladó desde el sur de Inglaterra hasta la costa occidental escocesa. Los estudiosos locales le habían informado que en el condado de Kintraw había un solitario obelisco megalítico de unos cuatro metros de altura, flanqueado por dos montículos funerarios prehistóricos. Si se dirigía la línea de la mirada desde el tope de la tumba mayor a las colinas de la cercana isla de Jura, pasando por la cúspide del megalito, se ubicaba el punto del atardecer en el solsticio de invierno. Excitado por esta comprobación, MacKie bajó por la costa hasta el poblado de pescadores de Ballochroy. Allí le mostraron un arco de tres megalitos que apuntaban a una cisterna de piedra, que originalmente contenía las cenizas de un cadáver prehistórico cremado. Si se miraba a través de la línea imaginaria que trazaban las piedras, la puesta de sol en invierno ocurría detrás del sepulcro. Pero el hallazgo más impactante sucedió cuando MacKie orientó su mirada a lo largo de la piedra central en forma de rectángulo: la línea visual se prolongaba hacia las mismas colinas de la isla de Jura, señalando el punto exacto del atardecer invernal.

Los fiscales de la comunidad científica no tardaron en desplegar los argumentos que, según ellos, invalidaban los argumentos de MacKie. Respecto al monolito de Kintraw, señalaron que entre este y la costa se interponía una formación de cerros de baja altura, aunque suficiente para impedir la visión de la isla desde el montículo funerario. Ocurre que también había unas elevaciones detrás del conjunto prehistórico, en las que se había excavado una especie de plataforma desde la que podían verse las colinas isleñas. El tenaz MacKie invitó a sus colegas incrédulos a comprobarlo, pero no tuvo la fortuna de contar con uno de los escasos días despejados que se daban en esa nebulosa costa. ¿Dependían los astrónomos primitivos de un golpe de suerte climático para hacer sus observaciones? En cuanto a la cisterna crematoria de Kintraw, los arqueólogos escépticos lograron demostrar que originalmente estaba cubierta por un gran túmulo de piedras, que impedía cualquier alineación visual con las colinas de la isla de Jura.

La maldición de los faraones

La muerte cubrirá con sus alas a quien perturbe la paz del faraón.

Inscripción en la tumba de TUTANKHAMON

Cuando a principios del siglo XX se descubrió y exploró la tumba de Tutankhamon, en el Valle de los Reyes, una extraña y súbita cadena de muertes inexplicadas afectó a la mayor parte de los arqueólogos y estudiosos que habían participado de aquella investigación. La llamada «Maldición de los faraones» alcanzó también a varios de los primeros visitantes de la cámara sepulcral, sumando una treintena de personas que murieron en los cinco años siguientes. La polémica estaba servida, y las opiniones se dividieron en tres bandos: los escépticos que sostenían que eran muertes naturales, debidas a una forzada casualidad; los biologistas que supusieron algún factor patógeno desconocido presente en el recinto mortuorio; y los esotéricos que defendían un castigo sobrenatural por la profanación de la tumba real.

En una noche de finales de enero de 1909, los arqueólogos y egiptólogos que trabajaban en las excavaciones del templo de Luxor se reunieron en un antiguo anfiteatro para presenciar una curiosa representación. El recinto había sido descubierto en el Valle de las Reinas por dos jóvenes investigadores, Joe Linden Smith y Arthur Weigel, que decidieron escenificar allí una suerte de «misterio egipcio» inspirado en los mitos religiosos que estaban estudiando. Eligieron la fecha del 26 de enero como homenaje al gran faraón Akhenaton, por ser ese día el 3.272 aniversario de su muerte.

Las esposas de los improvisados directores de escena, Corinne Smith y Hortense Weigel, encarnaban respectivamente al dios Horus y a Akhenaton, vestidas con las adecuadas túnicas, máscaras y atributos de sus altos rangos. Pero apenas habían comenzado a recitar su diálogo, un huracanado viento del desierto azotó el anfiteatro, al tiempo que el cielo estallaba en una colosal tormenta de rayos y truenos. Los obreros y portadores egipcios huyeron despavoridos, gritando que aquello era un castigo de los dioses. Los europeos, más circunspectos, se dirigieron a sus alojamientos afrontando como pudieron la tempestad. Entre ellos se encontraban Lord Carnarvon y su socio Howard Carter, que varios años después obtendrían notable y funesta fama.

La venganza de Amón

Los matrimonios Smith y Weigel dormían en el campamento montado en la tumba del jerarca Amet-Uh, que había sido gobernador de Tebas. Ambas mujeres, según su propio testimonio, tuvieron aquella noche el mismo sueño: se encontraban en el cercano templo de Amón, cuya estatua de pronto cobró vida rodeada de una aureola luminosa y las marcó con su cetro; a Corinne en los ojos y a Hortense en el vientre. A la mañana siguiente Corinne despertó con una dolorosa inflamación ocular, que fue diagnosticada en El Cairo como un virulento caso de tracoma. Al otro día también Hortense

EL FARAÓN MONOTEÍSTA

A mediados del siglo XIV a. C. el faraón Amenhotep IV intentó un cambio fundamental en la cultura y la religión egipcia, con el apoyo de su bella esposa Nefertiti. Sus antecesores en la 18ª. Dinastía habían sido poderosos reyes guerreros, que extendieron sus dominios hasta Palestina, Fenicia y Nubia. En la convivencia con estos pueblos se mezclaron dioses y liturgias en un confuso sincretismo. Amenhotep decidió abolir todas las deidades, incluyendo a los poderosos Amón, Ra, y Harakhte, para imponer el monoteísmo del dios solar Atón. Toma entonces el nombre de Akhenaton (servidor de Atón). Su culto representa un sorprendente refinamiento intelectual y estético, pero la nobleza y el ejército, fieles a los antiguos dioses, vuelven a instalarlos después de la prematura muerte del monarca. Se dice entonces que el faraón monoteísta ha sido condenado a los infiernos, y que su espíritu sale cada tanto para vagar en pena por el desierto. ¿Será esa la razón de que su momia nunca haya sido encontrada?

fue llevada de urgencia a la capital egipcia, para ser operada de una gravísima úlcera de estómago que casi le cuesta la vida.

En la representación interrumpida por la tormenta, Horus permitía a Akhenaton que saliera de los infiernos para encontrarse con el espíritu de su madre, quien le reprocha haber abandonado la verdadera religión de Amón y caído en la herejía. Pero el hijo responde que su alma prefiere soportar su sufrimiento eterno, confortada por la fe en Atón, el único dios verdadero. La pieza de los jóvenes arqueólogos era un claro elogio del faraón monoteísta de la 18ª. dinastía, y por eso el dios rival, Amón, impidió la función desatando un huracán y castigó a las frustradas intérpretes.

De acuerdo a una vertiente del esoterismo egipcio Akhenaton pudo ser una emanación encarnada de un dios opuesto a las taumaturgias de ultratumba de la secta tebana, que en un principio consiguió imponer su poder y el culto a su creador, Atón. El mito del dios que toma forma humana está en numerosas mitologías, incluyendo el cristianismo, y es simétrica a las tradiciones de los hombres convertidos en dioses, de las que son claro ejemplo los emperadores romanos. En el Museo Egipcio de El Cairo se exhibe una inmensa estatua de Akhenaton de 4 m de altura, proveniente del templo de Karnac, que atribuye al faraón una extraña fisonomía, con una gran cabeza de rasgos alargados y un cuerpo femenil de hombros estrechos y amplias caderas rodeando el vientre combo. Unos dicen que ese aspecto responde a su origen divino (incluso hay quien asegura que extraterrestre) y otros a la elaborada estilización del arte egipcio de la XVIII dinastía.

La siniestra tumba de Tutankhamon

Hacia los años 20 del siglo pasado la egiptología era una ciencia de moda. Los diarios informaban detalladamente de las excavaciones y hallazgos, el elegante *Art Noveau* empleaba en sus diseños motivos con reminiscencias del Nilo (juncos, flamencos, estilizadas barcas) y la nueva joyería *decó* ofrecía adornos como escarabajos de oro, pirámides, cruces orladas y otros símbolos de la mitología egipcia. Las diversas expediciones, que a menudo competían entre sí, eran financiadas por instituciones como el Museo Británico o la Real Sociedad de Arqueología, pero también por sociedades y personalidades privadas. Entre estas últimas destaca la figura de lord Carnarvon, protagonista de un descubrimiento tan afortunado como de lúgubres consecuencias.

Apogeo y caída de la primera víctima

George Edward Stanhope Molyneux, V conde de Carnarvon, había recibido una excelente educación en el Trinity College de Cambridge y una buena renta que no le exigía mayores afanes. Cogido por la fiebre de la egiptología, en 1906 financia y dirige unas frustradas excavaciones en Tebas. Admite entonces que necesita la orientación de un experto, y contrata los servicios de Howard Carter, un arqueólogo que había trabajado para el gobierno colonial egipcio. Juntos obtienen interesantes hallazgos de tumbas de la XII y XVIII dinastías, pero sus trabajos son interrumpidos por la I Guerra Mundial.

Acabada la contienda Carnarvon y Carter reinician sus excavaciones. El 4 de noviembre de 1922, Carter encuentra la tumba de Tutankhamon en el Valle de los Reyes. El descubrimiento alcanza repercusión mundial, y lord Carnarvon recibe la enhorabuena del rey de Inglaterra. Tres meses después su socio consigue entrar en la primera recámara, adornada con sorprendente riqueza. Los exploradores continúan excavando cámaras, estancias y pasadizos, pero Carnarvon debe abandonar a causa de una intensa fiebre. Morirá unos días después, a las dos de la mañana del 5 abril de 1923, y al exhalar su último suspiro se apagan de pronto todas las luces de El Cairo. La compañía eléctrica no encuentra la causa de aquel apagón, y los médicos discrepan sobre la de la muerte del egiptólogo. Unos la atribuyen a la infección de una antigua herida al afeitarse, y otros a la picadura de un mosquito venenoso. Pero en el Valle de los Reyes corre la voz de que la maldición del faraón se ha cobrado su primera víctima.

La cadena mortal

Carter pierde buena parte de sus colaboradores egipcios, pero continúa la búsqueda de la gran cámara real. El 3 de enero de 1924 logra introducirse en ella por un estrecho agujero y, según sus propias palabras, queda deslumbrado «ante los destellos del oro por todas partes». El sarcófago del faraón, sorprendente obra de arte trabajada en oro y pedrería, era sin duda el más hermoso y rico de todos los conocidos. Se dice que cuando Carter se volvió para llamar a su colaborador más próximo, el arqueólogo estadounidense Arthur Mace, este sufrió un repentino agotamiento que le impidió pasar el agujero. La muerte de Carnarvon y el desvanecimiento de Mace desataron en los periódicos británicos y americanos una avalancha de artículos y comentarios sobre el mito de la maldición de los faraones.

El siguiente eslabón de la cadena fue también un norteamericano, el millonario George J. Gould, que viajó especialmente a Egipto para visitar la fabulosa tumba. Al otro día sufrió un ataque de fiebre, y murió esa misma noche. Igual suerte corrió el radiólogo británico Archibald Reid, llamado por Carter para tomar radiografías de la momia del faraón. Al terminar su trabajo se sintió indispuesto, y falleció durante la travesía de regreso a Londres. Tampoco alcanzó a regresar vivo a casa el industrial Joel Wool, otro ilustre invitado de Carter que murió de fiebre durante el viaje de vuelta. En los cinco años siguientes murieron 22 personas que habían trabajado con Carter en la excavación de la tumba, incluyendo a su socio el profesor James H. Broasted y a su secretario Richard Bethel, ambos de un súbito colapso respiratorio. Los dos médicos que efectuaron la autopsia de la momia, los doctores Douglas Derry y Alfred Lucas, sufrieron en 1925 sendos ataques cardiacos. Lady Carnarvon falleció en Londres en 1929, según el certificado de defunción «a causa de la picadura de un insecto». El propio Carter se sintió débil y afiebrado tras el hallazgo, con frecuentes mareos y desfallecimientos, pero logró eludir la cadena fatal hasta diez años más tarde.

La magia negra de los sacerdotes de Amón

Poco antes de morir Akehnaton designó heredero a su yerno casi adolescente Tutankhaton, esposo de la tercera hija del faraón monoteísta. La juventud y el débil carácter del nuevo rey permitieron que el sumo sacerdote Ayh fuera designado regente, e iniciara la restauración del antiguo régimen con el apoyo del general Horemheb, jefe supremo del ejército. El joven faraón solo reinó diez años, durante los cuales fue un débil pero fundamental instrumento en manos de sus dos patrocinadores. Éstos le cambiaron el nombre por el de Tutankhamon y lo convirtieron en una especie de sagrado símbolo del retorno de Egipto a la verdadera religión. De allí la excepcional riqueza de su fastuosa tumba, la espléndida máscara funeraria de oro, y la advertencia inscrita en la antecámara: «La muerte cubrirá con sus alas a quien perturbe la paz del faraón».

Según la egiptología esotérica, Ayh fue uno de los mayores sacerdotes magos del ocultismo ancestral y jefe de la secta secreta que guardaba los arcanos transmitidos por los dioses (quizá provenientes de la Atlántida, como hemos visto en un capítulo anterior). A su vez el faraón, sin llegar a ser una deidad, emanaba un «aura real» de carácter divino que lo hacía incorruptible e intocable, incluso después de muerto. Los sacerdotes magos se consideraban hermanos espirituales del faraón, destinados a la protección del aura que representaba

La ciudad de los dioses

Situada en la margen oriental del Nilo medio, la antigua Wasit fue llamada también Niut y finalmente tomó el nombre de Tebas. Ciertas tradiciones la consideraban «más antigua que el mundo» y es probable que su existencia sea anterior a la del propio Egipto. Hay versiones que ligan su fundación a magos desterrados de Saba, cuya reina encandilaría al propio Salomón con sus poderes esotéricos; y otras la atribuyen a la misteriosa cultura beréber, destruida por los invasores árabes del Magreb. Desde los tiempos más remotos Tebas fue siempre una ciudad mística, cuya sabia casta sacerdotal dominaba el ocultismo, la astrología y, según algunas fuentes, la transmutación extracorpórea. En el apogeo de los Amenhotep y los Tutmosis, Tebas impuso el culto de sus dioses a todo el imperio, y aún después de su decadencia política siguió siendo el centro de la sabiduría espiritual y las ciencias esotéricas.

la sabiduría ocultista recibida de Amón. Y siguiendo ese mandato, oficiaban todo tipo de sortilegios y conjuros malignos para castigar a quien osara profanar su sepulcro.

Los tesoros de Tebas

La espléndida tumba de Tutankhamon se encuentra en el Valle de los Reyes, una extensa necrópolis sagrada que guarda los restos de faraones, sumos sacerdotes y altos funcionarios de la XVIII dinastía. El lugar es uno de los magníficos testimonios de la grandeza de Tebas entre los siglos XVI y XIV a. C. En esa época se produjo el gran enfrentamiento político religioso entre los tradicionalistas partidarios de Amón y los renovadores tebanos que veneraban a Atón como único dios. Tebas fue el el origen y núcleo de esa polémica, y en sus alrededores se levantaron los grandes símbolos arquitectónicos cargados de misticismo y esoterismo que fascinaron a los egiptólogos y arqueólogos del principios del siglo XX. Junto al Valle de los Reyes se abre el Valle de las Reinas (con el anfiteatro donde Smith y Weigel desafiaron las iras de Amón), y en esa vasta región al oeste de Tebas, cruzando el Nilo, se distribuyen monumentos como los colosos de Memnón y Gurna, los santuarios de Mut, Oprt y Jonsu, o las necrópolis de Deir-el-Bahari y Medinet Habu.Pero las grandes atracciones del venero arqueológico tebano son el inmenso templo de Luxor, dedicado a Amón, y el de Karnac, erigido en honor de Atón. Ambos representan las dos grandes corrientes religiosas del Imperio Nuevo, y están unidos por una avenida flanqueada por una doble hilera de esfinges, una de las figuras simbólicas más emblemáticas de la mística secreta de la mitología egipcia.

UN FACTOR DESCONOCIDO

Las tumbas egipcias son recintos que han permanecido cerrados durante miles de años, pero con sistemas de ventilación y ocasionales filtraciones de humedad. No es imposible que allí hubieran proliferado microorganismos desconocidos en el exterior o diminutos insectos venenosos como el «mosquito» que oficialmente causó la muerte de lord Carnarvon. Los síntomas descritos parecen indicar que las muertes en cadena fueron producidas por algún tipo de enfermedad infecciosa: agotamiento, fiebre muy alta, y finalmente un colapso cardiorrespiratorio. Tampoco se ha descartado que los sacerdotes del antiguo Egipto conocieran algún tipo de sustancia letal que esparcieron en el sepulcro, y cuyas emanaciones atacarían a todo intruso que respirara dentro del recinto. Más difícil resulta admitir que su efectividad permaneciera intacta durante varios milenios.

La explicación biologista

Aceptando la posibilidad de un agente infeccioso residente en la cámara, ya sea por evolución natural o por manipulación humana, restaría aclarar porqué algunas víctimas murieron de inmediato y otras a lo largo de los cinco años siguientes. Un patólogo nos diría que la supervivencia dependería del tiempo de exposición al agente infeccioso (sobre todo si se coge por respiración del aire), de la capacidad de respuesta inmunológica del paciente, y de su resistencia física general. Es imposible, sin embargo, establecer una relación convincente entre estas razones y el momento de la muerte de los distintos damnificados. Como hemos visto, el propio Carter solo sufrió alguna indisposición y sobrevivió diez años a su descubrimiento, pese a que fue con gran diferencia quien más veces y por más tiempo permaneció en la tumba de Tutankhamon. Otro defensor de esta teoría, el doctor Walter Abraham, propone que pudo tratarse de dos agentes patógenos diferentes. Uno, por ejemplo un insecto, que inoculaba directamente el veneno en la corriente sanguínea y producía las muertes súbitas. Otro, que pudo ser una bacteria o un virus presente en el aire viciado de la cámara, que se introducía por el aparato respiratorio y se mantenía latente hasta el momento propicio para desafiar al sistema inmunológico.

La lista de Vandenberg

El esoterista Philipp Vandenberg, analiza ampliamente el tema en su libro titulado precisamente La maldición de los faraones (citado por C. y D. Manson en su enciclopedia de misterios sin resolver). La teoría del autor es que el maleficio de Amón no alcanzó solo a los profanadores del sepulcro de Tutankhamon, sino a otros investigadores y científicos que se entrometieron en la paz eterna de los reyes muertos. Y enumera una lista de egiptólogos que sufrieron muertes súbitas y/o prematuras, como François Champollion, que descodificó la piedra Rosetta; el reconocido arqueólogo italiano Giovanni Belzone; el médico Theodore Bilharz; o el arqueólogo Georg Möller, entre muchos otros. Vandenburg confeccionó su lista para demostrar el alcance de la maldición, pero también podría servir para comprobar su inexistencia. Los biologistas aducen que las fiebres eran frecuentes entre los europeos y americanos que viajaban a África y Oriente en esa época, cuando las vacunas y las medidas preventivas estaban aún en pañales. Lo cierto es que no solo enfermaban egiptólogos, sino también funcionarios coloniales, exploradores, militares, residentes y viajeros ocasionales.

Los científicos que apoyan esta explicación de tipo biológico, entienden también que cualquiera fuera el agente patógeno, desapareció o se extinguió poco después de que fuera abierto el sepulcro. Lo cierto es que a partir de 1930 la cadena fatal se interrumpe, y que los mareos y ahogos que han sentido algunos visitantes posteriores pueden atribuirse a la sensación de encierro, o a la ansiedad psíquica que produce una tumba subterránea envuelta en misterios milenarios.

¿Un montaje periodístico?

Los escépticos recalcitrantes no necesitan siquiera una explicación científica, porque para ellos la maldición de los faraones fue un montaje de la prensa para añadir un toque de misterio a la moda egiptológica. Lo cierto es que lord Carnarvon había vendido la exclusiva sobre el desarrollo de sus excavaciones al *Times* de Londres, y los otros periódicos buscaban afanosamente un tema ligado a Tutankhamon pero sin relación directa con las actividades arqueológicas del aristócrata. La muerte de este en 1925, en coincidencia con otras ocurridas poco después, habrían bastado a algún jefe de redacción con nociones de mitología egipcia para montar la famosa cadena de «muertes misteriosas». Argumentan quienes defienden este enfoque que, con un poco de habilidad y algo de imaginación, es posible establecer relaciones causales entre hechos que no son más que coincidencias casuales.

Morir excavando

Las excavaciones arqueológicas eran por entonces un trabajo duro, bajo condiciones climáticas extremas y con escasas precauciones sanitarias y de higiene. Muchos de los arqueólogos y egiptólogos extranjeros tenían entre 50 y 60 años, la edad de los infartos y los colapsos respiratorios, y algunos eran aún mayores (lord Carnarvon murió con 57 años, y Carter tenía 52 cuando descubrió la tumba).

El escéptico francés Etienne Montpellier supone que entre científicos, colaboradores, obreros, periodistas, funcionarios y museólogos, no menos de 500 personas tuvieron relación con el descubrimiento de la tumba hasta fines de 1925. Si en los cinco años siguientes murieron una treintena, representan el 6% del total. Montpellier se tomó el trabajo de elaborar una lista semejante de 500 personas relacionadas con la construcción e inauguración de la torre Eiffel en 1889, y comprobó que 38 de ellas habían fallecido antes de 1895. Aunque hay quien sospecha que el incrédulo investigador registró primero las 38 muertes entre tal vez más de mil nombres vinculados de una u otra forma con aquél acontecimiento, de los que luego agregó al azar otros 462 que continuaban vivos. Se sabe que las estadísticas se prestan a muchas manipulaciones, pero aún al margen de ellas la posición escéptica sigue siendo quizás la más atendible desde el punto de vista racional.

¿Maldición o bendición?

El mago e hipnotizador canadiense James Randi se cansó un buen día de los trucos que practicaba, y se pasó con armas y bagajes al temible ejército de los incrédulos irreductibles. Con dedicación y saña de converso escribió numerosos libros y artículos, desmontando desde la racionalidad diversas teorías y mitologías esotéricas. Entre ellas, la de la maldición de los faraones. Incitado por la publicación de la obra de nuestro conocido Philipp Vanderberg, en la primavera de 1978 Randi publicó a su vez un artículo de demoledora ironía en la revista *The Humanist*.

El escéptico autor comienza por dudar de la existencia de la famosa tablilla con la inscripción agorera, que la prensa de la época daba por real pero infelizmente desaparecida poco después de abrirse la tumba. Randi estudió meticulosamente todos los registros e inventarios realizados *in situ* por los auditores del gobierno egipcio y del Museo Británico, sin encontrar referencia alguna a la tablilla o a su maléfica premonición. Sostiene asimismo que lord Carnavon era un hombre enfermo al iniciar su último viaje a Luxor a los 57 años, pese a la advertencia en contrario de su médico de cabecera (que algunas crónicas esotéricas transformaron en la admonición de un medium), y que la causa de su muerte fue una previsible neumonía que cogió en el hospital de El Cairo donde le trataban una infección por picadura de mosquito.

Randi analizó el cuaderno de notas de Howard Carter, seleccionando 22 nombres que, de acuerdo a ese registro de primera mano, habían sido los principales participantes en las excavaciones y estudios de la tumba de Tutankhamon. Siguió luego el rastro vital de esas personas, para concluir que el promedio de supervivencia a partir del descubrimiento había sido de 21 años. El escéptico investigador añadió algunas precisiones sobre las historias que circularon en la prensa sensacionalista y los medios esotéricos. Por ejemplo que Richard Bethell, el secretario de Carter, había muerto en Londres en 1929 sin haber pisado nunca la tumba; que el arqueólogo asistente A.R. Callender y el fotógrafo oficial Harry Burton, que habían participado activamente en todas y cada una de las operaciones, disfrutaron de una supervivencia de 16 años; y que los doctores Lucas y Derry sobrevivieron a sus supuestos ataques cardiacos, muriendo el primero en 1950 y el segundo en 1969. El egiptólogo francés Pierre Lacau, estrechamente implicado en todas las actividades efectuadas en la tumba, murió en 1965 a los 92 años. Y lady Eveliyn Herbert, hija de Carnarvon y una de las tres personas presentes en el momento de abrirse el sarcófago, vivió para contarlo hasta 1980, ¡con una supervivencia de 57 años!

Jugando mordazmente con las mismas creencias que combatía, Randi sugiere que quizás Akhenaton impuso en el sepulcro de Tutankhamon una bendición que otorgaba larga vida a quienes profanaran la memoria de su renegado sucesor.

El último testigo

Tras la muerte de lady Herbert en 1980, el periódico londinense *Daily Mail* publicó una entrevista con el veterano suboficial británico Richard Adamson, al que presentaba como el último testigo de los acontecimientos ocurridos 57 años antes. En esa época Adamson estaba destinado como policía militar en Egipto, y el gobierno colonial le encomendó la escolta de seguridad de la expedición de lord Carnarvon en el Valle de los Reyes. Cumplía esa función cuando fue descubierta la tumba de Tutankhamon, y pasó a hacerse cargo de la custodia permanente del sepulcro y sus invalorables tesoros artísticos.

El suboficial Adamson ocupó ese puesto durante siete años, durmiendo en la antecámara de la tumba por temor a los depredadores nocturnos. En la entrevista del *Daily Mail* explica que entre los trabajadores egipcios (algunos de los cuales solían ser informantes de los ladrones arqueológicos) corrió rápidamente la voz sobre la fatídica inscripción que expresaba la maldición de los faraones. «Nunca vimos ninguna tablilla ni inscripción de ese tipo en la tumba de Tut -relata el testigo-, pero dejamos que los egipcios creyeran que realmente la maldición estaba escrita allí». Lo cierto es que el sepulcro de Tutankhamon fue uno de los pocos hallazgos arqueológicos que nunca sufrió depredaciones. En cuanto a Adamson, murió poco después de publicarse la entrevista, a los 81 años de edad.

Regreso al Valle de los Reyes

La familia de lord Carnarvon se mantuvo discretamente al margen de toda la historia montada en torno a la maldición de los faraones, y ninguno de ellos se dedicó a la egiptología, que consideraron desde entonces una excentricidad del abuelo fallecido. Pero la sombra del Valle de los Reyes se extendió de pronto sobre el castillo de Highclere en 1987. En ese año el nieto del infortunado lord descubrió una valiosa colección de objetos del antiguo Egipto, oculta en un compartimiento secreto de las librerías de la biblioteca. Su hijo George Herbert sintió una irresistible fascinación por aquel tesoro milenario, que su bisabuelo había reunido en sus excavaciones.

Unos años más tarde George heredó de su padre el castillo, la colección, y el título de 8º conde de Carnarvon, aunque en sociedad prefiere utilizar el de lord Porchester. En 1998 decidió hacer realidad aquel impulso que lo atraía hacia el Valle de los Reyes, y dispuesto a vencer los fantasmas familiares contrató los servicios de Nigel Strudwick, arqueólogo del Museo Británico. Después de varias temporadas de laboriosas excavaciones, Strudwick encontró a 40 m de profundidad la tumba de Senneferi, que fue algo así como el ministro de Hacienda en la corte de Tutmosis III, y cuya momia aportó interesante información a los estudiosos del tema. Pero no hay datos de que Lord Porchester ni su arqueólogo hayan visitado la tumba de Tutankhamon, visita que hubiera resultado obvia de no guardar ambos ciertos recelos con respecto a la maldición de los faraones.

La momia del Titanic

Entre las trágicas consecuencias atribuidas a la maldición de los faraones, sin duda la más terrible y espectacular es la del naufragio del Titanic. Como es sabido, este inmenso transatlántico británico de 47.000 toneladas, el mayor buque de vapor de la época, era considerado tan lujoso como seguro e insumergible. Durante su viaje inaugural de Southampton a

Nueva York, en la noche del 14 al 15 de abril de 1912, la nave se precipitó frontalmente contra un enorme iceberg en el Atlántico norte, sin que el capitán ni la tripulación pudieran hacer nada por impedirlo. El Titanic se hundió en el mar en aquel sitio de aguas gélidas a 640 km de la costa canadiense, y su inexplicable naufragio produjo más de 1.500 víctimas. La repercusión del que era el mayor desastre naval de todos los tiempos no dejó de tener ribetes esotéricos, que se incrementaron unos años después cuando corrió la historia de la maldición de la tumba de Tutankhamon.

De Tebas a Nueva York

Según una versión que difundieron algunos periódicos, a bordo del Titanic viajaba un inescrupuloso tratante de antigüedades egipcias, que llevaba de contrabando una valiosa momia robada por los depredadores del Valle de los Reyes. Se trataba de los restos de un poderoso rey de Tebas, que el avispado comerciante había vendido en secreto a un museo de Nueva York. La cifra acordada consistía en la friolera de medio millón de dólares de la época, que el contrabandista repartiría con los asaltantes de la tumba.

La historia terminaba con la afirmación de que la maldición de los faraones había surgido del sarcófago, emanando vibraciones que hipnotizaron a los pilotos y los obligaron a llevar el barco contra el bloque de hielo flotante. No se citaba el nombre del traficante, oportunamente desaparecido en el naufragio, ni tampoco el del misterioso faraón o la época de su reinado. El cuento quedaba así un poco cojo, por lo que agregados posteriores bautizaron con nombres supuestamente exóticos al protagonista, y atribuyeron la momia a diversos reyes de la inacabable nomenclatura faraónica. Entre ellos el de Akhenaton, aprovechando que sus restos nunca habían sido encontrados. Otras versiones hablan de que la momia era de una sacerdotisa de Amón-Ra, y que fue rescatada por un bote salvavidas cuyos ocupantes murieron poco después, excepto uno. Este superviviente ocultó la momia en América durante tres años, y luego la embarcó para devolverla a Egipto en el transatlántico Lusitania... ¡hundido por un submarino alemán durante la travesía, el 7 de mayo de 1915!

La mirada fatal de la sacerdotisa de Atón

El imaginativo esoterista Philipp Vandenberg no pudo sustraerse a la tentación de incluir el naufragio del Titanic en su libro sobre la maldición de los faraones. Desde luego su versión intenta ser más verosímil, y presenta cifras conocidas pero impactantes, como que el transatlántico llevaba en sus bodegas 7.000 sacos de café, 35.000 huevos, o 40 toneladas de patatas, para introducir entre esos datos a su propia momia egipcia. Según el autor, el sarcófago era transportado de Inglaterra a Nueva York por un tal lord Canterville, y en su interior yacía la momia de una profetisa y maga que había ejercido un gran poder durante el reinado de Amenoteph IV (nombre dinástico de nuestro conocido Akhenaton).

La momia de Canterville había sido hallada, según Vandenberg, en un lugar de Tell al-Amarna, la nueva capital construida por Akhenaton para honrar a su dios, y bautizada por él como Akhatón. La sacerdotisa reposaba en un santuario conocido como El Templo de los Ojos, y su cuerpo estaba recubierto de los valiosos adornos mortuorios propios de su rango. Entre ellos un amuleto colocado debajo de la cabeza, con la inscripción: «Despierta del desmayo en que reposas y una mirada de tus ojos triunfará sobre cualquier daño dirigido contra ti». Al embarcar en el Titanic, lord Canterville exigió que su preciosa momia no fuera colocada en la bodega, sino en un compartimiento situado debajo del puente de mando. Tras una pausa para mencionar que algunos egiptólogos que trataban con momias habían sufrido momentáneas pérdidas de la razón, el autor sugiere que el capitán, el piloto, o tal vez ambos, pudieron bajar aquella fatídica noche al recinto atraídos por la curiosidad. Cuando los marinos abrieron el sarcófago, la momia despertó y el fulgor de la mirada milenaria enajenó sus mentes, impidiéndoles desviar el rumbo del barco que avanzaba hacia el iceberg. Como es de rigor en estos relatos, tanto Canterville como su momia se perdieron en la profundidad del océano, y nada volvió a saberse de ellos.

Poco después algunos admiradores de Vandenberg hicieron correr una revelación que el autor no se había atrevido a incluir «por no disponer de datos concluyentes»: en realidad el sarcófago contenía la momia perdida de Nefertiti, la hermosa reina de origen ignoto, fanática del monoteísmo, que había desposado Akhenaton. La verdad es que quien haya visto el bellísimo busto policromado de Nefertiti que se guarda en el Museo de Berlín, no dudará de que su mirada podría haber enloquecido a cualquiera.

La venganza de Atsheput

Se dice que el sarcófago de Atsheput, la gran reina de principios de la XVIII dinastía, fue desmontado en trozos y capas por los depredadores de su tumba. Este asunto fue tomado en 1991 por el autor esoterista Charles Pellegrino para elaborar una de las versiones más novelescas, aunque pretendidamente real, del vínculo de la maldición de los faraones con el naufragio del Titanic. Según él un cazador de tesoros americano se había hecho con una de las reliquias de Atsheput, y en 1910 la vendió en El Cairo al egiptólogo inglés Douglas Murray. El aventurero murió súbitamente a poco de hacer el

La búsqueda submarina

El Titanic permanece hundido en el fondo del océano, a unos 4.000 m de profundidad, al sur de la península de Terranova. Durante más de setenta años nada perturbó la paz de sus restos, incluyendo los de la supuesta momia. Pero en 1985 el oceanógrafo Robert D. Ballard y sus colaboradores consiguieron obtener las primeras fotografías del barco naufragado, por medio de una cámara teledirigida adosada a un extenso cable submarino. Ballard repitió la operación en el verano siguiente, empleando un robot más complejo, y en 1987 un grupo de investigadores franceses utilizaron un submarino de profundidad tripulado, con el que rescataron numerosos objetos pertenecientes al Titanic y a sus pasajeros. Ni en las fotografías ni en las inmersiones se obtuvieron rastros de algo semejante a un sarcófago egipcio, pero muchos esoteristas siguen sosteniendo que una pasajera milenaria vengó con aquel naufragio la violación de su tumba. Y se apoyan en que buena parte de los restos del Titanic aún no han sido explorados.

trato, y Murray se quedó con el trozo de sarcófago sin alcanzar a pagarlo. Tres días después su revólver le explotó mientras lo limpiaba, arrancándole la mano derecha. El egiptólogo decidió regresar a Londres llevándose su trofeo, para tratarse la gangrena que le afectaba el muñón del brazo. En la travesía recibió sendos cables que le informaban de la muerte de dos de sus mejores amigos, y al arribar se enteró de que también dos de sus sirvientes habían fallecido.

Siempre según Pellegrino, cuando Murray llegó a Inglaterra mostró el trozo de sarcófago a un círculo de personas de su confianza. Una joven que se contaba entre ellas quedó fascinada por la pieza, y le rogó que le permitiera guardarla por un tiempo. El estudioso, cuya fe racionalista comenzaba a tambalear, le advirtió un poco en broma sobre la maldición de los faraones, aunque sin mencionar las cuatro muertes recientes. Ella insistió, incrédula, y Murray aceptó que se llevara la reliquia a su casa. En unos días la joven cayó víctima de una dolencia degenerativa, y poco después su madre murió de repente. Al serle devuelto su tesoro, el demudado Murray se apresuró a ofrecerlo al Museo Británico.

Explica el autor que el «British» andaba sobrado de momias y sus directivos prefirieron llegar a un acuerdo con el Museo Americano de Historia Natural en Nueva York, para intercambiar la pieza egipcia por unos huesos de dinosaurio provenientes de Montana. Mientras se cerraba el trato, tanto el director del departamento de egiptología del Museo Británico como su fotógrafo oficial cayeron enfermos y murieron. Los ingleses se apresuraron a embalar la reliquia de Atsheput y enviarla a Nueva York... a bordo del Titanic.

Un cuento de sobremesa

Existen indicios de que la historia de una momia que viajaba en el Titanic pudo ser urdida en la propia nave, y luego recogida por la prensa sensacionalista de algunos de los supervivientes. Entre los pasajeros del viaje inaugural se encontraba William T. Stead, un periodista de aficiones esotéricas que practicaba también el espiritismo. En una tertulia de sobremesa entretuvo a los comensales contando que un médium le había advertido que no embarcara, porque aquella travesía estaba destinada a la tragedia. Para tranquilizar a las damas, pasó entonces a explicar el asunto de la maldición de los faraones, vinculándola a una de las momias que se exhibían en el Museo Británico.

Stead desapareció en el naufragio, y es probable que sus dos relatos hayan sido mezclados por los comensales supervivientes o unidos con aviesa intención por algún cronista desaprensivo. La compañía naviera aclaró poco después que en el Titanic no viajaba ninguna momia ni cualquier otra pieza de arqueología egipcia, exhibiendo los inventarios y albaranes de la carga que transportaba la nave naufragada. La «momia» citada por Stead como exhibida en la sala 62 del Museo Británico, es solo la tapa interior de un sarcófago, que se atribuye a una sacerdotisa de Amón-Ra. Durante las guerras mundiales esta pieza, como todas las de valor, fue empaquetada y guardada en los sótanos por razones de seguridad, pero sin sacarla del recinto del museo. Nunca se la envió a Nueva York u otro destino americano, y solo fue exhibida una vez en Australia, en el año 1990.

La Torre de Babel
y el misterio de
las pirámides

El proyecto de confundir las lenguas con el propósito de mantener separados a los hombres, es inconsistente; porque en lugar de producir ese efecto, al incrementar las dificultades haría más necesarios los unos para los otros y los llevaría a permanecer juntos.

THOMAS PAYNE

El filósofo y político norteamericano, autor de *La edad de la razón* (1796), cuestiona en la cita anterior la explicación bíblica de la separación de los pueblos y naciones a partir de la comunidad original surgida del Génesis. Los antropólogos laicos se han hecho una pregunta semejante respecto a los primigenios grupos humanos, los arqueólogos han buscado la ubicación y los restos de aquel altivo monumento, y los algunos historiadores sostienen que en realidad la «torre» era un zigurat o pirámide erigida por sacerdotes de los cultos paganos de Mesopotamia. Según los esotéricos, la forma piramidal tiene cualidades mágicas que permiten traspasar las dimensiones astrales. El origen de estas controversias y afanes es una vez más la Biblia, sujeta a diversas explicaciones y exégesis. Su texto, como bien dice Paine en otro lugar de su artículo, abunda en contradicciones y ambigüedades que incitan a muy distintas interpretaciones del contenido. Esa es la razón de que las iglesias cristianas hayan establecido una lectura «canónica» del Antiguo Testamento, bajo el imperio de la fe en la palabra de Dios.

«Bajemos y confundamos su lengua»

El Génesis dedica a la Torre de Babel el breve apartado inicial de su capítulo 11, que comienza enunciando que «Era la tierra toda de una sola lengua y de unas mismas palabras. En su marcha desde Oriente hallaron una llanura en la tierra de Senaar, y se establecieron allí» (Génesis, 13: 1-2). No hay duda de que quienes marcharon hacia Oriente eran los descendientes de Noé con los que acaba el capítulo 10, inmediatamente anterior. Pero la Biblia no cita nombres ni genealogías de los que llegaron a Senaar, ni tampoco indica el tiempo transcurrido hasta que deciden construir la torre. Yavé se asomó a ver lo que estaban construyendo los hombres, y se dijo que, como eran un solo pueblo con una sola lengua, nada les impediría llevar a cabo su propósito. «Bajemos pues -decidió- y confundamos su lengua, de modo que no se entiendan unos a otros» (Génesis, 11: 7).

¿Porqué preocupó tanto a Yavé aquella obra inconclusa de su pueblo? El texto deja entender que la confusión de las lenguas no fue un castigo divino por los pecados humanos, a la manera del diluvio o la destrucción de Sodoma, sino una intervención para impedir la finalización de la torre, obligando a los hombres a dispersarse «por la faz de toda la tierra». Desde el comienzo, con la historia de Eva y la serpiente, el Creador parece temer que sus criaturas le desobedezcan llevados por el libre albedrío que Él mismo ha puesto en su naturaleza. Resulta bastante claro que el poder de Yavé es cuestionado por «Otro» que quiere arrebatarle la adoración de los mortales. Hoy le llamamos Satanás, según la historia del Ángel Caído que la propia Biblia narra en El libro de Job, y al que el Evangelio denomina «el príncipe de este mundo».

¿Un santuario pagano?

El monoteísmo hebreo estaba insertado en un mundo pagano, cuyas deidades eran a menudo más atractivas y permisivas que el severo Dios de Abraham. El relato bíblico abunda en momentos en que el pueblo es tentado por la idolatría, o cae directamente en ella, en especial por influencia de deidades vecinas, como la diosa asiria Astarté o el cananeo Baal, que se citan varias veces como arquetipos de falsos dioses. Si Babel se encontraba, como se sostiene, en tierras próximas a Babilonia, es posible que la llamada torre fuera en realidad un zigurat, o pirámide escalonada destinada a los cultos paganos de las civilizaciones mesopotámicas. Y eso sin duda ponía en peligro la hegemonía de Yavé, tanto o más que la supuesta pretensión humana de «tocar el cielo».

Desde luego el relato es también una explicación mística y teocéntrica para dar cuenta de una realidad evidente: la existencia de distintos pueblos y lenguas. Pero la tradición hebrea escogió o recogió un mito determinado y un objeto concreto, la Torre de Babel. Al igual que otros libros sagrados de la Antigüedad, la Biblia es una recolección y refundición de diversos documentos y relatos orales o escritos. Su función era tanto transmitir los hechos fundacionales del «pueblo elegido», como registrar sus linajes con meticulosidad notarial, consagrar dogmas y liturgias religiosas, o establecer normativas morales y códigos de conducta individual y social. Quizá en el relato de Babel, como en muchos otros casos, los autores bíblicos tomaron una tradición anterior para dar verosimilitud a sus interpretaciones teológicas. La cuestión es dilucidar si esa tradición responde a una leyenda imaginaria o a un acontecimiento real.

Un zigurat en Babilonia

El monumento religioso más típico y difundido de las primeras civilizaciones del Asia Menor era el zigurat, una pirámide truncada y escalonada que se elevaba superponiendo varias plataformas de ladrillos de barro cocido. Hoy se conocen por lo menos una treintena de estas construcciones, halladas particularmente en las ruinas de las antiguas ciudades sumerio-babilónicas del sur de Mesopotamia. En el capítulo de esta obra dedicado al diluvio vimos que Noé y sus hijos se instalaron en los valles de los montes Ararat, en la actual Armenia, y la Biblia nos dice que en algún momento sus descendientes se dirigieron hacia Oriente.

Los primitivos hebreos eran un pueblo de pastores, y es probable que el motivo de su travesía fuera la búsqueda de mejores pasturas para su ganado. Debieron por tanto seguir el curso del Eufrates, que bañaba las legendarias tierras fértiles. En las márgenes de ese extenso río se levantaron las grandes ciudades de finales del Neolítico, como Sumer, Akkad, Uruk y Babilonia. Es posible que los hebreos hayan llegado a las proximidades de esta última, en aquel tiempo capital de una civilización mucho más avanzada. ¿Intentaron construir entonces un zigurat, imitando a los babilonios, y ese intento es el que registra el Génesis?

Confusión de palabras

Algunos hebreístas descartan esta hipótesis, ya que la palabra hebrea para describir la Torre de Babel es «migdal», utilizada exclusivamente para designar una atalaya o torre de vigilancia militar, de forma cilíndrica y no piramidal. Sus oponentes arguyen que el pueblo elegido no conocía ni construía zigurats, y por tanto mal podía incluir en su léxico ese tipo de monumento. El transcriptor de este pasaje de la Biblia habría utilizado entonces la voz migdal, por aludir a una construcción más o menos semejante. Además esa palabra proviene de la raíz semítica«gdl», que refiere a lo que es grande y alto, y que en la lengua ugarítica del noroeste se empleaba para designar el altar de sacrificios.

Otra hipótesis interesante, propuesta por el investigador británico H.P. Morris, es que los hebreos no pretendieron levantar su propia torre, como dice la Biblia, sino que colaboraron con los babilonios en la construcción de un zigurat en las afueras de la ciudad (o en una nueva ciudad adyacente). Esta idea explicaría dos aspectos del problema: la confusión de lenguas y la preocupación de Yavé y sus escribientes.

Supongamos que aquellos pastores, atraídos por el zigurat y las maneras urbanas de sus constructores, se ofrecieron a ayudarles como mano de obra («Vamos a hacer ladrillos y cocerlos al fuego» cita el Génesis). Tal vez comenzaron la construcción, pero debieron abandonarla por no entender lo que les decían los arquitectos y capataces babilónicos. Si algunos grupos se fueron antes y otros después, tomando distintas direcciones, coincidiría con la afirmación bíblica de que entonces los descendientes de Noé se dispersaron «por la faz de toda la tierra». Explicaría también la tajante intervención de Yavé, porque su pueblo estaría ayudando a la erección de un santuario pagano, lo que podría llevarlo a una desagradable conversión a la herejía.

Si, coincidiendo con buena parte de los expertos, aceptamos que la Torre de Babel debió ser alguna forma de zigurat piramidal, se entendería mejor el enojo del Dios de Abraham, muy inclinado a descender a la tierra pero no a que los mortales pretendan visitarlo en el cielo. Y así cobra sentido la provocación bíblica de levantar una torre «cuya cúspide toque los cielos y nos haga famosos». Existe otra larga discusión lingüística sobre qué significa «famosos» en este contexto, pero sin duda Yavé sabía que los paganos de todo el mundo consideraban a las pirámides como escaleras al cielo.

La escalera de los dioses

Los zigurats o pirámides más o menos escalonadas fueron construcciones utilizadas por muy diversas civilizaciones, algunas muy alejadas entre sí. Las más famosas y prototípicas son las de Egipto, pero también levantaron pirámides las antiguas culturas del sudeste asiático, la India y la América precolombina. En todas ellas, como en las civilizaciones mesopotámicas, cumplían funciones de panteones reales o de monumentos religiosos, siempre a partir de asignar a la forma piramidal una energía o poder magnético, que se elevaba hacia los dioses. En los cultos egipcios, la pirámide representaba la mítica montaña original, morada divina y generadora del mundo. El vértice atraía una fuerza cósmica, dirigida por un determinado dios para influir sobre el destino de los mortales, antes y después de su tránsito por la tierra.

Se supone que la construcción de estos zigurat sagrados es anterior al diluvio, o por lo menos al gran deshielo cuya memoria registran los sumerios. Algo ocurrió durante esa catástrofe, que hizo que los monumentos posdiluvianos perdieran parte de su poder. «El dios ya no viene a yacer en su lecho en lo alto del zigurat» se lamenta el texto de una tablilla mesopotámica.

El gran arquitecto Imhotep

Los zigurats sumerio-babilónicos se extendieron a las culturas circundantes, y en algún momento del III milenio a. C. llegaron al Egipto de los faraones. Durante el Imperio Antiguo se construían pequeñas pirámides escalonadas, que servían de referencia mística a los mastaba, monumentos funerarios que incluían también un santuario y un panteón. Alrededor del 2.700 a. C. Zoser I, rey de la tercera dinastía, trasladó la capital de Tinis a Menfis, en el curso superior del Nilo. Encargó entonces a su arquitecto Imhotep la construcción de un gran conjunto funerario sobre el valle de Sakkara, en las afueras de la ciudad.

Imhotep renueva totalmente la estructura de los zigurats mesopotámicos, utilizando una pirámide básica para construir sobre ella otra mayor, en la que emplea por primera vez piedras talladas y no ladrillos de barro. La estructura externa es una especie de nido, que contiene en su interior la otra pirámide más pequeña y un mastaba en la parte superior. No sabemos hasta qué punto esta conformación respondía a las necesidades constructivas del arquitecto, o a significados místicos y simbólicos. Lo cierto es que Imhotep construyó otro panteón sobre la cara sur de la pirámide, y que el conjunto funerario de Sakkara abarcaba además las tumbas del soberano y su familia, unidas por una columnata a varios santuarios y a las llamadas casas del Sur y del Norte.

Debemos señalar que, como en otros cementerios reales egipcios, las momias de los faraones y sus allegados descansaban en tumbas separadas de los panteones situados dentro o fuera de las pirámides. Esto puede deberse a la creencia de que la pirámide era una construcción mágica que conectaba directamente las almas muertas con el cielo, por medio de santuarios especialmente preparados para ese fin. Nunca se ha encontrado un sarcófago en el interior de una pirámide, ni tampoco en la mayoría de los santuarios mortuorios o panteones, que no son lo mismo que las tumbas donde yacían los restos momificados. Hay también estudiosos que atribuyen la ausencia de féretros en las pirámides a la secular rapiña de los ladrones del desierto, que solo dejó objetos de valor en tumbas de muy difícil acceso, construidas bajo tierra o enterradas por los milenios.

El triángulo sagrado

Unos cincuenta años después de la muerte de Imonthep, el faraón Houni de la III dinastía inició la construcción de otra pirámide semejante a la de Sakkara sobre el valle de Maydum, en el extremo sur de Gizeh. El soberano murió a poco de empezada la obra, dando fin también a su linaje. Su sucesor fue Snefru (2.600-2.576 a. C.), rey guerrero iniciador de la IV dinastía, que concluyó la pirámide y el vasto campo funerario que la rodeaba. En él se encontraron las valiosas tumbas del príncipe Rahotep y su esposa Nofret, así como las célebres ocas pintadas en las paredes del panteón de un noble de esa época. Snefru introdujo una novedosa técnica, cubriendo los lados de la pirámide con una capa de material que tapaba los salientes de las plataformas superpuestas. Más tarde hizo lo mismo con su propia pirámide en Dahchour, que junto a la de Maydum fueron las dos primeras con las caras lisas, a diferencia de los antiguos zigurat de perfil escalonado.

Los arquitectos de Snefren fallaron al calcular la inclinación correcta de la pirámide de Maydum, que por esta razón sufrió un desplazamiento de la base, según pudieron comprobar posteriormente los arqueólogos. Los egipcios buscaban la proporción perfecta de la construcción, no solo por motivos arquitectónicos sino principalmente místicos. El poder magnético de la forma de la pirámide (que en egipcio se llama mer, o sea imán) era capaz de alcanzar el cielo y servir como contacto con los dioses, siempre que su fórmula geométrica fuera perfecta. De allí que sacerdotes y arquitectos compartieran esa inquietud esotérica y no era extraño que algunos cumplieran ambas funciones. La búsqueda continúa a mediados del III milenio a. C., con el diseño de las grandes pirámides de los faraones de la IV dinastía Keops y Kefrén. Hay quien cree que para esta última los egipcios lograron descifrar un arcano anterior al diluvio, que revelaba la proporción del «triángulo sagrado». La fórmula en la progresión de los lados era 3-4-5, y se dice que en ella se inspiró Pitágoras para su teorema fundamental.

La conexión mexicana

Los aztecas que lucharon e intrigaron con Hernán Cortés eran relativamente recién llegados, que habían fundado o refundado Tenochtitlán solo dos siglos antes. Esta inmensa ciudad, posiblemente la más grande de todo el mundo en su época, sufrió en 1499 una poderosa inundación y fue cubierta por las aguas del lago de Techcoco. Apenas los aztecas habían acabado su reconstrucción, cuando los conquistadores españoles volvieron a destruirla en 1521. Pero su conjunto religioso monumental resistió todas estas vicisitudes y aún hoy se levanta en su sitio, cercado por los suburbios de la capital de México. Se ingresa en su recinto por una gran avenida triunfal de casi 50 m de ancho y 4.000 de largo, flanqueada por dos grandes pirámides escalonadas de tipo zigurat. La que se encuentra al norte está dedicada a la Luna, y la del levante, como corresponde, al Sol.

Dejando de lado la discusión sobre si las construcciones fueron obra de los mismos aztecas, o estos las heredaron de la ignota y misteriosa cultura tolteca, lo cierto es que Tenochtitlán ofrece algunos datos sorprendentes. Por ejemplo, que la pirámide del Sol presenta exactamente la misma base y el mismo número de escalones que la de Keops en Gizeh. No es posible pensar que los mexicanos pudieran «copiar» la idea de los egipcios, ya que ambos monumentos fueron construidos con por lo menos tres milenios de diferencia y a unos 12.000 km de distancia, con un océano de por medio. Los esoteristas resuelven esta coincidencia recurriendo una vez más al omnipresente mito de la Atlántida, cuyos supervivientes habrían llevado la fórmula secreta de la pirámide a una y otra costa del Atlántico. Otros la atribuyen a que ambos pueblos alcanzaron en su momento un determinado estadio cultural, que les permitió efectuar observaciones y cálculos astronómicos que los llevaron a conclusiones similares.

Al este de México hay una pirámide mucho más antigua que la de Tenochtitlán, en la región de Cholula. Este nombre parece derivar de la leyenda de Shelua, un gigante legendario que habría levantado ese monumento para salvarse del diluvio. Los mitos se alimentan unos a otros y se relacionan entre sí con asombrosa semejanza en las diversas culturas, reforzando la hipótesis de una gnosis común o sabiduría revelada proveniente de las brumosas épocas prediluvianas.

Matemáticas infusas

El egiptólogo francés Jean-Louis Bernard ha planteado recientemente la posibilidad de que los egipcios y otros pueblos de la Antigüedad manejaran una «matemática sacralizada», de difícil explicación para la matemática racional. «Si la pirámide pitagórica de Kefrén -observa- exhala en su interior un ambiente sedante, a la inversa del de la de Keops, vagamente angustiante, ello no quita que esta represente también una perfección matemática». Cita luego a los autores que atribuyen a los egipcios el conocimiento de todas las medidas fundamentales (el radio terrestre, el eje polar, la distancia del Sol, etc.) y su aplicación a las proporciones y la orientación de las pirámides. Y, con honrosa equidad, recuerda también la réplica del escéptico Mendelsohn, que registra con ironía que la altura de la torre Eiffel multiplicada por 10.000 da como resultado el radio de Marte. Este autor retoma el laborioso y exacto cálculo de Napoleón, que afirmó que con las piedras de las tres pirámides de Gizeh se podía rodear toda Francia con un muro de 1 m de ancho y 1,5 de altura. Si con un poco de ingenio se pueden encontrar relaciones matemáticas «asombrosas» entre las cosas más dispares, esto no significa que no se den otras coincidencias que nos resultan menos explicables.

La lengua de la sabiduría

Otro paralelismo existente entre la pirámide de Keops y la de Teotihuacan es la cámara subterránea que las dos presentan en su interior, siguiendo la vertical de la cúspide. Varios estudiosos de la parapsíquica han observado un mismo fenómeno en ambos recintos subterráneos: la presencia de ondas o vibraciones que producen experiencias de visualización y de audición de voces y sonidos. ¿Ecos que llegan del exterior? ¿Delirios pasajeros producidos por el encierro? Sin duda puede apelarse a estas y otras explicaciones racionales, pero los argumentos esotéricos plantean también inquietantes razones.

El parapsicólogo Michel Skariatine realizó experiencias de este tipo en las cámaras de México y de Egipto, en horarios en que no había visitantes y bajo estrictos controles de su propio estado psíquico. Para él no cabe duda de que esos ámbitos favorecen fenómenos de clarividencia, provocados por algún tipo de energía cósmica que solo la forma piramidal consigue captar. Si Keops y Tiahuanaco poseen esa cualidad energética, no hay porqué negársela a los zigurats mesopotámicos y por lo tanto a la Torre de Babel. ¿Interrumpió Yavé la construcción para impedir que su pueblo alcanzara esa misteriosa sabiduría?

La energía cósmica del «Rayo verde»

Hemos mencionado ya que los visitantes de la Gran Pirámide de Gizeh sufren a menudo episodios de angustia e incluso alucinaciones auditivas, que suelen explicarse por la claustrofobia que producen las cámaras cerradas y los estrechos pasadizos. No es esa la opinión de los radiestesistas Chaumery y Bauzal, citados por Jean-Louis Bernard, que asignan al interior de la pirámide un efecto electromagnético. Su hipótesis es que la construcción piramidal, con o sin escalones, interactúa con un fenómeno físico llamado telurismo. Se trata de una radiación propia de la corteza terrestre, que emite ondas supercortas en el arco del verde negativo. Estas ondas serían el reflejo especular de radiaciones cósmicas del mismo color en positivo, que los radiestesistas han bautizado como «Rayo verde». La pirámide actuaría a la vez como imán y condensador de esas energías astrales, que ejercen determinados efectos sobre el organismo humano.

El malestar y la sensación de ahogo obedecerían a la concentración de las ondas telúricas de la corteza terrestre, que producen una lentificación del proceso cardiorrespiratorio y de la circulación sanguínea. Llevado a su extremo, este efecto acabaría secando todos los tejidos en una «momificación natural», como la que presentan algunos restos humanos hallados en grutas o cuevas de alta montaña, cuyas cumbres y picos tendrían capacidad magnética para atraer las vibraciones del verde negativo. Pero en el interior de una pirámide perfectamente equilibrada y orientada según normas herméticas, se produciría una momificación de otro tipo, que favorecía el paso del difunto a una dimensión extracorpórea y mística por la acción del verde cósmico positivo.

Sabemos que en principio esas cámaras no eran tumbas en sentido estricto, ya que los sarcófagos se depositaban en sepulcros adyacentes. Pero pudieron cumplir la función de laboratorio de momificación, o tal vez la de santuario donde los altos sacerdotes visualizaban el futuro y recibían la palabra de los dioses. Recordemos que, al menos en Babilonia, hay textos que lamentan la retirada de los dioses de la cúspide del zigurat después del diluvio. Hay también indicios de la existencia de una lengua sagrada, que solo los iniciados conocían y empleaban para su comunicación astral («era la tierra toda de una sola lengua y de las mismas palabras», dice el Génesis). Quizá los pocos que conocían ese arcano perecieron en la catástrofe, y los sacerdotes debieron optar por las lenguas vulgares, lo que sin duda trajo discusiones y sectarismos entre ellos. Para aceptar esta hipótesis deberíamos entender que «la tierra toda» es un eufemismo o un error de interpretación, y que el autor bíblico se refiere a un grupo de jefes religiosos o al menos solo al pueblo elegido. En ese caso cobraría sentido el ambiguo último versículo de ese apartado: «Por eso se llamó Babel, porque allí confundió Yavé la lengua de la tierra toda, y de allí los dispersó por la faz de toda la tierra» (Génesis, 11: 9).

[illegible]

tos advierten [illegible] todo [illegible] de [illegible] la [illegible] de los [illegible] que [illegible] de [illegible] del que [illegible] que [illegible] de los [illegible] que [illegible] de [illegible] de [illegible] y [illegible] de [illegible] de [illegible] a [illegible] [illegible] de [illegible] la [illegible] de [illegible] de [illegible]

La guerra de Troya: entre la leyenda y la historia

¿Porqué os halláis tan abatidas, Minerva y Juno? No os habréis fatigado mucho en la batalla, donde los varones adquieren gloria, matando troyanos contra los que sentís vehemente rencor?

HOMERO: *Ilíada*, canto VIII

En la Antigüedad y a lo largo de los siglos siguientes se admiró a la Guerra de Troya como una hermosa leyenda, urdida a partir de antiguos mitos por un poeta ciego de la Grecia protohistórica llamado Homero. La narración abarca dos célebres poemas narrativos, *Ilíada* y *Odisea*, considerados el germen del género novelístico. Sus protagonistas, como Helena, Paris, Héctor, Aquiles, Hércules o Ulises, se convirtieron en prototipos de diversas cualidades humanas, y la propia Troya en referencia simbólica de toda batalla encarnizada.

Como tantos otros mitos ancestrales, nadie suponía que aquellos héroes hubieran realmente existido, ni tampoco la ciudad motivo de sus afanes. Hasta que en la segunda mitad del siglo XIX ciertos descubrimientos documentales y arqueológicos pusieron sobre el tapete la pregunta del título: ¿Era la saga homérica una leyenda, o una crónica poética de un hecho histórico?

El origen mitológico

En la mitología griega, abundante en bellezas femeninas, destaca la hermosa Helena, fruto de la seducción de Leda por Zeus transformado en cisne. Pese a su condición de semidiosa, contrajo matrimonio con el rey aqueo Menelao, uno de los gobernantes más poderosos de la época. La hermosura de la joven reina sedujo a Teseo, otro semidiós hijo de Poseidón, pero los gemelos Cástor y Pólux, hermanos de Helena, frustraron sus intenciones de raptarla. Aparece entonces Paris, hijo del rey Príamo, que consigue llevársela a Troya. Decidido a recuperar a su mujer, Menelao convoca a los otros reyes y jefes griegos para sitiar la ciudad. El asedio durará diez años, terminando con la derrota de los troyanos.

El autor y su escenario

Las investigaciones y controversias comenzaron por el propio autor de los relatos. La tradición situaba a Homero como un destacado poeta de Esmirna, que había vivido y compuesto sus poemas en algún momento del siglo IX a. C., según la biografía escrita cuatro siglos más tarde por Herodoto, nada menos que el padre fundador de la Historia. Pero Homero era un *aeda,* o poeta cantor errante que urdía y recitaba sus relatos, inspirándose en diversas mitologías. Lo cierto es que sus obras, conservadas oralmente, son transcriptas en textos escritos recién en el siglo VI a. C. ¿Se puede considerar que esa recolección de versos transmitidos a lo largo de siglos reproducía fielmente la obra de un solo autor? Tal vez sería más prudente pensar que en realidad se reunieron varias tradiciones de diversas épocas y autores, unidas por el denominador común de referirse a la Guerra de Troya, y que quizá uno de ellos se llamó Homero. Aunque numerosos estudiosos aún sostienen esta hipótesis, no deja de contradecir abiertamente la autoridad de Herodoto, cuya narración de la vida del poeta sería en ese caso una burda patraña. La salida por la tangente fue hallada por el escritor victoriano Samuel Butler (1835-1902), quien sostuvo y creyó haber demostrado que la *Odisea* fue obra de una poetisa, discípula y protegida de Homero, aunque este sí habría escrito la *Ilíada*.

Más adelante veremos con más detalle estas distintas posturas sobre la identidad del autor, que en gran medida cobraron auge ante el presunto descubrimiento de las ruinas de la propia Troya, motivo y escenario de aquel tenaz enfrentamiento ancestral.

Una ilustración profética

Siendo apenas un adolescente, el alemán Heinrich Schliemann se sintió muy impresionado por la ilustración de un libro que mostraba el incendio de Troya. El artista pintaba la escena con tal realismo, que el joven quedó persuadido de que aquella ciudad debía haber existido realmente, y servido de escenario a la legendaria guerra. La idea de que algún día él la encontraría lo acompañó durante largos años de andanzas aventureras, que lo llevaron a disponer de una considerable fortuna al acercarse a la cincuentena. Fue entonces cuando tomó dos importantes decisiones: convertirse en arqueólogo para buscar la ciudad perdida de la hermosa reina Helena; y casarse con una estudiante de 16 años para que lo acompañara en la empresa.

Schliemann inició sus excavaciones en 1871, en un sitio del Asia Menor cercano al estrecho de Dardanelos, que separa la Turquía europea de la asiática. No encontró una ciudad sino nueve, superpuestas o adyacentes, que databan desde el Neolítico hasta nuestra era. El triunfante investigador declaró que la verdadera Ilion de Homero era *Troya VII*, la más extensa de todas y datada entre 1280 y 1240 a. C., aunque otros autores la situaban en *Troya II*, que data del III milenio a. C. Unos años más tarde Schliemann aseguró haber hallado el fabuloso tesoro de Príamo, y siguiendo excavando hasta el momento de su muerte, en 1890.

Guerra de hombres y dioses

El interés científico e histórico por Troya y su famosa guerra, se explica a partir de la atracción que han ejercido los sucesos y personajes de la *Ilíada* y la *Odisea* a lo largo de las generaciones. Homero (o los poetas anónimos que lo configuraron) pinta con gran calidad literaria y firme pulso narrativo un mundo heroico, a la vez humano y divino, en el que los dioses y diosas toman partido entre los bandos enfrentados e intervienen personalmente en los avatares del combate. El amor, la amistad, el odio, los celos y la venganza son sentimientos compartidos por unos y otros, en una trama de alianzas, disputas, engaños y otros acontecimientos signados por la fuerza inapelable del destino. Sin embargo ambas obras presentan algunas diferencias, que han servido a numerosas especulaciones.

La *Iliada*: un rapto y dos funerales

Homero toma como punto de partida y núcleo de este poema un episodio de la Guerra de Troya, ocurrido cuando los griegos ya llevaban nueve años sitiándola. Agamenón, el jefe de los aqueos, ha ofendido a su joven aliado Aquiles al arrebatarle una esclava llamada Briseida. Se produce entre ambos

Los dioses van a la guerra

La *Ilíada* registra la intervención de los dioses y diosas a lo largo de todo el conflicto troyano, ya sea favoreciendo la suerte de un protegido o confundiendo a un adversario en medio del combate. Finalmente Zeus, que por su posición hace de árbitro, les permite luchar personalmente junto a su bando favorito en la gran batalla del Canto XX. Al lado de los griegos se alinean Hera, Atenea, Poseidón y Hefestos, o sea el Vulcano de los romanos. De parte de los defensores participan Ares, Artemisa, Letona y Afrodita. Los troyanos resultan vencidos por las notables hazañas de Aquiles, que no en vano era hijo de la nereida Thetis y por tanto nieto de Geo y Urano.

una violenta discusión, tras la cual Aquiles decide retirar las tropas tesalias que participaban en el asedio. Los troyanos aprovechan para contraatacar, y están a punto de derrotar a los griegos. Pero en ese momento se produce el hecho que desencadena el clímax trágico de la historia: Patroclo, amigo íntimo de Aquiles, había rogado a este que le dejara sus armas para entrar en el combate. Quizá confundido por este intercambio, el príncipe troyano Héctor da muerte a Patroclo y se apodera de su escudo. Aquiles, enfurecido, regresa al campo de batalla y mata a Héctor, cuyo cadáver arrastra en torno a las murallas de la ciudad. Príamo, el anciano rey de Troya, ruega a Aquiles que le devuelva el cuerpo de su hijo para poder darle sepultura. Esta es una de las escenas más conmovedoras del poema, en la que el héroe griego cede a los ruegos de su adversario, y tanto Patroclo como Héctor reciben los honrosos funerales que dan fin al relato.

El poema épico consta de 24 cantos, y muchos de ellos (en especial del II al VIII) eluden la anécdota de Héctor y Aquiles para describir la guerra en general, plena de actos de heroísmo, traiciones, triunfos y derrotas, con masiva y entusiasta participación de las deidades del Olimpo.

La *Odisea*: el arduo retorno del guerrero

Si la *Ilíada* es un poema épico de largo aliento, con un protagonismo coral y grandes escenas bélicas, la *Odisea* se ciñe a un tono más íntimo y personal, centrado en el esforzado regreso de Ulises a Ítaca, su patria, donde lo espera la fiel Penélope. El nombre griego del héroe era *Odysseus*, y así lo llama el poeta; los fenicios lo apodaron *Nano*, que significa «El errante» y pasó a la leyenda y a la historia de la literatura con el de Ulises, que es una versión dialectal latina. El personaje aparece ya en la *Ilíada* como uno de sus principales protagonistas, destacado por su habilidad y su astucia. Entre otras hazañas, se apodera de los caballos de Reso, vence y mata a Dolón, salva a Diomedes herido, con el cual luego entra en Troya para robar el Paladión, o estatua de Palas Atenea que protegía la ciudad. En el tramo final del primer poema homérico Ulises promueve la reconciliación entre Aquiles y Agamenón, no sin antes vencer a Áyax en los juegos funerarios en honor de Patroclo. Por otra parte en la *Odisea* se cuenta que fue él quien propuso el célebre ardid del caballo de madera, y formó parte del grupo que iba escondido en su vientre.

Pese a tan glorioso historial, a Ulises no le resultó sencillo regresar a su isla de Ítaca, y la obra que narra su viaje ha pasado a ser sinónimo de toda travesía sembrada de peripecias y peligros. la *Odisea* comienza con la habitual reunión de los dioses olímpicos, que envían al hijo del héroe, Telémaco, en busca de su padre. La asamblea divina y el fracaso del joven ocupan los cuatro primeros cantos, a partir de los cuales comienza, por así decirlo, la verdadera odisea. Los distintos avatares y adversidades que van pautando el itinerario del protagonista son siempre observados y discutidos por el cónclave de dioses, que adoptan cada tanto decisiones para influir en el asunto. Entre los momentos más notables del poema se cuentan el encuentro con Nausica, que retiene a Ulises en su palacio tras rescatarlo de un naufragio; las escenas en la corte de Alcino; la lucha con el Cíclope; el engaño a la maga Circe; o el fabuloso episodio de las sirenas. Los diez cantos finales relatan la llegada del héroe a Ítaca, y sus argucias para recuperar el trono y el reconocimiento de Penélope y Telémaco.

Personajes en busca de autor

Quienes suponen que los héroes y heroínas homéricas pudieron inspirarse en personajes reales asimilados a la mitología, se basan en la profunda humanidad de sus acciones y sentimientos. Aunque ambos poemas abundan en hazañas guerreras, acontecimientos fantásticos y constantes intervenciones divinas, la pintura de caracteres y motivaciones se describe con un acendrado realismo. Por primera vez en la literatura de la Antigüedad se ensalzan sin convencionalismos valores como la fidelidad amorosa (Penélope, Andrómaca), la amistad (Aquiles y Patroclo) y el afecto paterno o materno (Príamo, Tetis). Esa es una de las razones que sitúan a Homero como el antecesor de la novela, el género narrativo que más depende de la observación y la expresión de la realidad.

Esa particular profundidad en el análisis psicológico y la homogénea altura del estilo y la calidad literaria, motivaron que en las últimas décadas se recuperara la idea de un único autor. Fuera este un *aeda* itinerante del siglo IX a. C. o un excepcional poeta que escribió en la Atenas sojuzgada por Pisístrato, probablemente bajo la protección de Solón, una autoría personal es más verosímil que el pastiche elaborado por una asamblea poética o recogido por escribas de ocasión.

Tenemos pues una obra coherente y original, un autor en solitario, y un escenario histórico llamado Troya, cuyas ruinas fueron descubiertas y exploradas hace ya más de un siglo. Eso no significa que en ese lugar haya habido realmente una guerra motivada por el rapto de una reina, ni que Héctor y Aquiles fueran personajes reales que se enfrentaron ante alguna de las nueve ciudades superpuestas excavadas por Schliemann.

Un hombre apodado Homero

Herodoto cuenta la vida de Homero con abundancia de detalles, nombres, lugares y peripecias, al punto que parece haber acompañado al poeta en su andar itinerante. Sin duda dispuso de muy buenos informantes y documentos hoy perdidos, o echó mano de una brillante imaginación. El relato comienza explicando que Criteia, la madre del protagonista, era una joven huérfana de Cume, en el Asia Menor, que quedó embarazada sin haber contraído matrimonio. Para ocultar esta vergüenza abandonó su poblado y se dirigió a un sitio cerca del río Meles (actual Turquía). Allí dio luz a un niño al que llamó Melesígenes, por haber nacido a orillas de ese río. La maternidad cambió la suerte de Criteia, que entró a servir en casa de un maestro de música y literatura de Esmirna, llamado Femio, quien poco después le propuso matrimonio.

Educado por su padrastro, el niño aprendió los secretos de la composición poética y se dedicó a atesorar los mitos y leyendas relatados por los maestros *aedas*. En su primera juventud Melesígenes era ya un poeta y recitador muy admirado en Esmirna, cuando inicia su primer viaje acompañando a Mentes, un mercader griego aficionado a las artes. Ambos recorren las islas del Jónico y la península Itálica, donde el joven poeta recoge temas e historias para sus cantos. Por entonces contrae una grave infección ocular, y Mentes lo lleva ante un famoso médico de la isla de Ítaca, llamado Mentor. Éste le cuenta la leyenda de Odiseo o Ulises, su participación en la Guerra de Troya, y su esforzado retorno a aquella isla y a los brazos de Penélope. Pero Mentor no consigue curar el mal de los ojos de Melesígenes, que poco después queda totalmente ciego. Es entonces cuando empieza a ser conocido por el apodo de Homero, que significa «el que no ve».

Triunfo y ocaso del poeta

Homero regresa a Esmirna, e inspirado por los relatos del médico jónico, inicia la composición de la *Ilíada*, su magnífica obra de juventud. En algunos círculos se reconoce su talento, pero no llega a alcanzar gran fama y menos aún a disfrutar de riqueza alguna. Su existencia transcurre de una ciudad a otra, al servicio del gobernante de turno o de poetas consagrados que a menudo plagian sus cantos, entre ellos Testorides de Cios. Es en esta ciudad donde el poeta ciego llega a obtener cierta notoriedad, que se extiende en sus posteriores viajes a Samos y Atenas, para recibir encargos y homenajes. Por entonces compone su otra obra mayor la *Odisea*, en la que rinde tributo a Mentor dando su nombre al preceptor de Telémaco. Ya anciano, Homero decide retirarse a la isla de Ios, pero a poco de llegar muere a causa, probablemente, de un infarto. Aquí termina la biografía escrita por Herodoto en el siglo V a. C., cuando aún florecía la escuela poética de los «homéridas» o émulos de Homero. Quizá ellos proporcionaron al padre de la Historia los datos que habían conservado sobre la vida de su maestro.

«Cherchez la femme»

Este popular consejo francés, empleado para advertir que en todo asunto complicado siempre hay que buscar una intervención femenina, fue empleado a mediados del siglo XIX para dilucidar la autoría de la *Ilíada* y la *Odisea*. El novelista británico Samuel Butler era un apasionado admirador de los poemas homéricos, que llegó a estudiar detenidamente las diferencias de enfoque, tratamiento y estilo que distinguían a ambos. No conforme con las hipótesis imperantes, que atribuían dichas diferencias a la participación de diversos *aedas*, o a la evolución de Homero entre un poema de juventud y una obra de madurez, Butler concluyó que la delicadeza y sensibilidad de los versos de la *Odisea* sugerían la mano de una mujer en su composición.

Samuel Butler era un reconocido autor satírico, que había alcanzado la fama en 1872 con su novela *Erewhon*, en la que se burla de la prejuiciosa rigidez victoriana. Pero sus inquietudes no se limitaban a la literatura, ya que había pasado buena parte de su juventud en Nueva Zelanda, donde su afición a la ganadería lo convirtió en un hombre rico. A su regreso se dedicó a combatir en la prensa londinense la teoría de la evolución de Darwin, y a estudiar mitología griega. En 1891 se propone componer una cantata basada en el tema de Ulises, para dar cauce a su vocación musical. Trabajando sobre el libreto llega a la opinión de que la *Ilíada* era un mogollón épico con héroes acartonados; mientras la *Odisea* resultaba totalmente realista y vital, como si se tratara de una verdadera novela. Y dentro de esta cualidad, concluía Butler, son los personajes femeninos los que manifiestan sentimientos más profundos y complejos. Supone entonces que la autora pudo ser una mujer, probablemente discípula o admiradora de Homero.

Un asunto de familia

La teoría de una poetisa homérica fue recibida casi como una broma por parte de los académicos consultados por Butler, ya que en la Antigüedad la mujer griega estaba sometida a una dura vida de trabajo, y no tenía educación ni tiempo libre para dedicarse a componer poemas. Pero la idea no resulta tan descabellada si pensamos que ya a principios del siglo VI a. C., poco antes de que se publicaran los poemas de Homero, triunfaban en Grecia las poesías amatorias de Safo de Lesbos, renovadora de la métrica y creadora de la «estrofa sáfica», que luego imitarían insignes poetas latinos como Catulo, Horacio y Ovidio. Es claro que Safo era una aristócrata, con una elaborada educación y abundante tiempo disponible para dedicarse a escribir. Esto reducía el número de las posibles émulas de Homero, pero no bastaba para demostrar que Butler estaba en lo cierto.

Otra objeción de los expertos fue que las mujeres de la época, por más nobles que fueran, no acostumbraban a viajar por todas las islas y tierras del Mediterráneo ni a trabar relación con forasteros o extranjeros. ¿Cómo podía la presunta autora haber pintado con detalle y realismo paisajes y ciudades distantes, o describir el carácter y los sentimientos de personajes de diversos origen, edad y condición? Butler encontró notables similitudes entre algunos grupos de caracteres, y arguyó que su poetisa pudo haber conformado a los protagonistas y escenarios del poema inspirándose en su familia y en los contornos de su hogar. Todos los hombres de la *Odisea* responden en su opinión a un mismo modelo masculino, aplicable a Ulises, Menelao, Néstor o Alcino, rey de los facios y padre de Nausica. Ésta muestra una personalidad semejante a las otras jóvenes de la obra, como Circe y Calipso, mientras que las mujeres mayores (Helena, Penélope, o la reina Areta) parecen también cortadas por un mismo molde.

En la argumentación de Butler, la autora era posiblemente una mujer joven que se identificó a sí misma con Nausica, inspirándose en sus propios padres para los personajes maduros. Es frecuente que los narradores tomen a personas próximas como modelos, y la explicación resulta al menos plausible. Pero un escéptico preguntó: «¿Cómo pudo esa jovencita describir con precisión tantos lugares mitológicos sin salir de su casa?». «Muy sencillo -respondió Butler-, recorriendo los alrededores y encontrando sitios que se ajustaran a los decorados legendarios.» Y su adversario pudo entonces inquirir: «¿Y dónde estaba ese lugar con alrededores tan variados?» Lejos de amilanarse, el tenaz escritor se propuso encontrar la respuesta.

La enigmática siciliana

Aceptando la idea de que su poetisa se había identificado con Nausica, Butler buscó en *La Odisea* datos que le permitieran saber dónde había vivido este personaje femenino. Nausica era hija de Alcino, rey de los Facios, que ocupaban un territorio llamado Esqueria, que significa península o promontorio. Cuando Ulises surge del mar después del naufragio, ella le indica cómo llegar al palacio de su padre: «Encontrarás la ciudad entre dos radas de mar, separadas por una angosta franja de tierra». Más adelante Neptuno castiga a los facios que han llevado a Ulises de regreso a Ítaca, transformando su barco en un peñón, justo cuando entraban en la boca de una de las radas. Todo lo que tenía que hacer Butler era recorrer el mar Jónico en busca de una península flanqueada por dos radas, una de las cuales presentara una gran roca en forma de nave. Hizo su travesía en el *British Museum*, donde estudió concienzudamente los mapas de la zona para descubrir solo una formación de éstas características cerca de la pequeña ciudad de Trapani, en la costa occidental de Sicilia. Comentando los trabajos de Butler, los expertos C. y D. Wilson señalan que ya Tucídides a finales del siglo V a. C. opinaba que en esa región de Sicilia podía estar la tierra de los antropófagos lestrigones que cita la *Odisea*, y también el lugar habitado por el cíclope Polifemo.

El obsesivo investigador embarcó finalmente hacia Trapani en 1892, encontrando desde luego las dos radas separadas por una prominente península. Junto a una de ellas se elevaba una formación rocosa, vagamente parecida a un barco, y no muy lejos de allí había una antigua cueva, que los pobladores del lugar aún llamaban «La gruta de Polifemo». Butler tomó unas borrosas fotografías de la época y dedicó los últimos años de su vida a intentar convencer a los académicos de que su «Nausica», la verdadera autora de la *Odisea*, había sido una joven aristócrata siciliana. Por eso puedo describir el paisaje marino de Esqueria, con su barco transfigurado en roca, el reino de los lestrigones y la cueva del cíclope, a partir de los accidentes geográficos que rodeaban su tierra natal, en la actual provincia de Trapani. Samuel Butler murió en 1902, deprimido por la cerrazón de los círculos científicos y envidiando quizás a Heinrich Schliemann, que treinta años antes había convencido a todo el mundo de haber descubierto nada menos que las ruinas de Troya.

Las nueve ciudades de Hissarlik

En la época en que quedó fascinado por aquella lámina de Troya, el joven Schliemann trabajaba como dependiente en una tienda de ultramarinos en su ciudad natal de Neubokow. Allí escuchó por primera vez los versos de Homero, recitados en griego por uno de sus clientes, y decidió que aprendería lenguas y arqueología para poder encontrar la legendaria «Ilion» que daba nombre a la *Ilíada*. Comenzó embarcándose como grumete en un barco que iba a Venezuela, y en una corta estancia en el Caribe llegó a dominar el inglés, el francés y el español. Más tarde fue mandadero y ayudante de contable en una firma de Amsterdam, lo que le permitió no solo practicar el holandés sino también estudiar otras lenguas más exóticas, gracias a su esforzada determinación y a una facilidad innata para el poliglotismo. Se dice que a los 25 años podía hablar y escribir fluidamente en una decena de idiomas, entre ellos el griego antiguo y moderno.

Desde luego Heinrich dominaba también el ruso, por lo que su empresa lo envió como representante a San Petersburgo. Allí el joven decidió independizarse, dedicándose a la floreciente importación de tintura de índigo desde Oriente. Pero su verdadera fortuna provino de su actividad como contratista de armas en la guerra de Crimea (1853-1856). Al finalizar esta contienda Schliemann contaba 36 años y podía considerarse un hombre rico. Había llegado el momento de dedicarse a su irrenunciable obsesión: el descubrimiento de las ruinas de Troya.

Una afortunada intuición

Schliemann comenzó a estudiar arqueología prehistórica en La Sorbona, alternando sus estancias en París con viajes por Italia, Grecia, Siria, la India y China. En 1869 se sintió con suficiente formación e información como para emprender por fin auténticas excavaciones sobre el terreno en la costa de Turquía. Divorciado de su primera esposa rusa, Ekaterina Lyschin, buscó en una agencia matrimonial de Atenas una joven estudiante de arqueología que lo acompañara en la empresa. La agraciada fue Sofía Engastromenos, unos treinta años menor que él, que sería una excelente colaboradora y continuadora de sus trabajos.

En esa época la arqueología oficial consideraba que el sitio de las ruinas de Troya, si es que había existido, debía encontrarse en una colina cercana a Bunarbashi, a unas tres horas de marcha desde la orilla del Egeo. Pero Schliemann comprobó que los personajes de la *Ilíada* iban y venían del mar a las murallas varias veces por día, lo que aun para héroes homéricos era mucho andar. Supuso entonces que la ciudad debía encontrarse en la misma dirección, pero a menos de una hora de la costa. Recorriendo la zona tuvo de pronto la intuición de que un lugar llamado Hissarlik, al sur de Bunarbashi, guardaba los restos de la ciudadela troyana. Y, como veremos enseguida, el afortunado arqueólogo acertó de pleno.

La tarta enterrada

Schliemann comenzó sus trabajos en 1871, con un numeroso equipo de colaboradores y excavadores. A los pocos metros encontraron las primeras ruinas, una fortaleza de época romana de unos pocos metros de diámetro, que de acuerdo a unas inscripciones llevaba el prometedor nombre de *Ilium Novum*. Debajo encontraron restos de una fortificación más extensa, y a medida que cavaban aparecían nuevos asentamientos superpuestos, de épocas y estilos distintos. El arqueólogo ordenó a sus hombres que excavaran en vertical por el centro del montículo, hasta tocar el manto geológico de roca firme. Comprobaron así que estaban frente a las ruinas de nueve ciudades, que se apilaban unas sobre otras, como los pisos de una tarta enterrada. ¿Cuál era aquélla donde lloró Helena y combatió Aquiles?

La pregunta anterior aún no tiene una respuesta incontestable. Schliemann insistió en situar la ciudadela homérica en Troya II, pero estudios más recientes comprobaron que ese asentamiento era demasiado antiguo, pues databa del III milenio a. C. Quizá tengan razón los expertos que hoy sitúan la legendaria guerra en los tiempos de Troya VI y Troya VII. En algún momento entre 1325 y 1275 a. C. la primera de ellas fue casi completamente destruida por un terremoto, y los supervivientes iniciaron la construcción de Troya VII aprovechando los cimientos y construcciones que habían resistido al seísmo. Las casas de la nueva ciudad se adosaron en viviendas de dos o tres habitaciones que compartían los muros exteriores. El terremoto de Troya VI coincide con los datos tradicionales sobre la época anterior a la *Ilíada*, y las condiciones de los restos de Troya VII sugieren una destrucción ocurrida a lo largo del tiempo (por ejemplo, 10 años de guerra), donde las últimas en caer fueron las construcciones más sólidas en el interior de las murallas.

Del mito a la realidad

Al no obtener autorización de las autoridades turcas para proseguir sus trabajos en Hissarlik, el arqueólogo recurrió nuevamente a su prodigiosa inspiración y a sus excelentes conocimientos, decidiendo que buscaría testimonios del reino de los aqueos de Agamenón. Se dirigió a la región de la Argólida, en la costa nororiental de Peloponeso, y en 1876 comenzó nuevas excavaciones en las ruinas de Micenas. Dentro de las antiguas murallas halló un doble círculo de losas, y en su interior seis cámaras mortuorias que contenían un total de 16 sarcófagos. Schliemann no vaciló en proclamar que dos de esos cuerpos pertenecían a Agamenón y su esposa Clitemnestra, haciéndolos saltar del mito a la historia tres milenios después de haber sido enterrados.

En la mitología griega clásica Agamenón era el rey de los aqueos de la Argólida, y dio muerte a Tántalo, monarca de Lidia, para poder casarse con su viuda Clitemnestra, hija del rey de Esparta y hermana de Helena de Troya. De esa unión nacieron tres famosos hijos y una trágica saga: Mientras Agamenón se ausentó para luchar contra Troya junto a su hermano Menelao, la reina fue seducida por Egisto y entre ambos asesinaron al monarca a su regreso. Años después sus hijos Orestes y Electra vengaron aquel crimen matando a Clitemnestra y a su amante. La hermana menor Ifigenia no participó del matricidio, y por muy buenas razones. Siendo niña, Agamenón ordenó sacrificarla a Artemisa para que la diosa accediera a cambiar los vientos que impedían a las naves aqueas acercarse a Troya. Pero finalmente la diosa se compadeció de ella y la reemplazó por una cervatilla (lo que recuerda a la historia bíblica de Abraham e Isaac). Según la segunda de las dos tragedias que Eurípides dedicó a Ifigenia en el siglo V a. C., la joven pasa a ser sacerdotisa del culto de Artemisa en Táuride, con la misión de ejecutar a todo extranjero que profanara el templo. Cuando Orestes entra en el recinto, su hermana se niega a matarlo y huye con él. La obra de Eurípides inspiró a Goethe para escribir una de sus mejores tragedias, titulada igualmente *Ifigenia en Táuride.*

De todo esto se desprende que la afirmación de Schliemann era realmente revolucionaria. Si Agamenón y Clitemnestra habían sido figuras históricas, cuyos cuerpos aún yacían en sus tumbas, ¿porqué dudar de la existencia de los otros personajes y de la veracidad de sus peripecias, aunque fuera con las exageraciones y variaciones propias de los cantos *aédicos*? El fervoroso investigador no consiguió confirmar científicamente esta hipótesis, pero tampoco sus oponentes pudieron demostrar que los restos no pertenecieran a los legendarios reyes aqueos.

Dos años después se produce un cambio en la actitud recelosa de Turquía, y Schliemann puede retomar las excavaciones en Hissarlik.

El Imperio Otomano, envuelto en las luchas reformistas de los «Jóvenes turcos», no deseaba malquistarse con Europa ni tampoco creía demasiado en la existencia del invisible teso-

El tesoro del rey Príamo

En 1883 Schliemann causó un verdadero revuelo al anunciar que había hallado entre las ruinas troyanas el fabuloso tesoro del rey Príamo. En sus relatos a la prensa aseguró que lo había ocultado a buen resguardo para evitar que lo decomisara el gobierno turco, exhibiendo un cáliz y algunas joyas de oro y pedrería como testimonio de su hallazgo. No explicó porqué los griegos habían dejado el tesoro intacto al saquear la ciudad, pero obtuvo jugosos anticipos de algunos anticuarios y generosos créditos de varios bancos para continuar su excavación. Nunca devolvió aquellos préstamos ni los amortizó con el supuesto tesoro, y años más tarde se demostraría que toda la historia había sido una engañosa fábula para conseguir dinero.

ro de Príamo. Permite entonces que Schliemann retome sus trabajos en 1888, acompañado ya por un selecto grupo de arqueólogos, patólogos y paleohistoriadores. Dos años después, mientras paseaba por una calle de Nápoles, sufrió un súbito ataque cardiaco que la causó la muerte. Tenía 68 años, y dejaba tras de sí sorprendentes hallazgos e inacabables controversias sobre sus afirmaciones y teorías. En la actualidad hay consenso en considerarlo uno de los más importantes pioneros de la arqueología moderna. Muchos lo admiran como el hombre cuya obsesión rescató de la mitología la ancestral leyenda de la Guerra de Troya, para situarla en las brumas iniciales de la historia de Occidente.

Los enigmas de la isla de Pascua

«Todos los pájaros copularon con peces: entonces se repartieron bajo el sol»

Probable traducción de un rongorongo de RAPA NUI

Una pequeña isla triangular perdida en medio del Pacífico, a casi 3.000 km de cualquier otra tierra firme, plantea extraños enigmas que intrigan a los investigadores e inspiran a los partidarios de interpretaciones esotéricas. Su excepcional aislamiento geográfico y humano, el origen de sus habitantes, y, sobre todo, las sobrecogedoras y gigantescas estatuas de piedra que se erigen en sus costas, han dado motivo a aventuras científicas como las travesías oceánicas del antropólogo noruego Thor Heyerdahl a bordo de una balsa primitiva, y a hipótesis alienígenas como las del escritor alemán Erik von Daniken. Pese a las explicaciones más racionales que han propuesto los científicos, la Isla de Pascua sigue guardando secretos que quizá se remontan a tiempos primigenios y culturas olvidadas.

Desde el punto de vista geográfico no existe otro punto tan aislado en nuestro planeta como la Isla de Pascua. Sobre todo, con un tamaño tan reducido. Los grandes movimientos geológicos dieron lugar a archipiélagos que agruparon a las islas pequeñas, y solo quedaron aisladas en el mar algunas grandes masas, como Australia o Groenlandia, aun así acompañadas por otras islas menores y bastante cerca de las costas continentales. Pascua, cuyo nombre nativo es *Rapa Nui*, es un minúsculo punto de 117 km2 perdido en la mayor superficie oceánica del globo terrestre, sin ninguna isla o islote satélite, ni conexión geológica con los lejanos continentes y archipiélagos que baña el mismo Océano Pacífico. Su referencia más próxima es la costa de Chile, a 2.700 km de distancia, y desde 1888 forma parte administrativamente de ese país andino.

La isla muestra un contorno de triángulo escaleno acostado, con el lado más largo en la parte norte. Sus únicas alturas son tres volcanes apagados y aunque la tierra es fértil para el cultivo, su vegetación natural es rala y escasa y casi no existe fauna silvestre. En la actualidad tiene unos 3.000 habitantes, entre nativos, chilenos y extranjeros.

En ese paisaje un tanto desangelado permanecen ocultos enigmas ancestrales, vigilados por los enormes *moai* de rostro impenetrable alineados en la costa, que no miran al mar sino hacia el interior de la isla. Nadie sabe quién los construyó ni con qué fin, ni cómo se las arreglaron para transportar sus moles de más de 20 toneladas y erigirlas sobre la orilla. Tampoco se conoce cuándo y cómo llegaron los primeros pobladores, ni a qué raza pertenecían y de dónde venían, si es que no estuvieron siempre allí. La historia que conocemos de ellos abarca apenas los últimos 280 años, y según los relatos y documentos disponibles es por cierto bastante extraña.

Encuentros en la primera fase

El 5 de abril de 1722, en un soleado domingo de Pascua, el almirante holandés Jacob Roggeveen avistó una isla desconocida en medio del Pacífico Sur. Su situación no figuraba en las cartas marinas del vasto océano, por lo que Roggeveen tomo posesión de ella en nombre de su gobierno, bautizándola como «Isla de Pascua». Las tres naves que formaban su flotilla anclaron en la bahía, y los tripulantes pasaron a los botes de desembarco. Mientras se dirigían a la orilla vieron grandes hogueras, al parecer de bienvenida, y enormes estatuas de piedra con turbantes o coronas de color rojizo. A su alrededor se acuclillaban numerosos nativos en actitud reverencial, y algunos de ellos cogieron unas ágiles canoas de junco para dirigirse al encuentro de los forasteros. Los holandeses solo permanecieron en la isla unas horas, que les bastaron para provocar una reyerta por un presunto robo, en la que resultaron muertos tres nativos.

Una elite de piel blanca

En sus relatos posteriores los marineros describieron un poblado de chozas de cañas con la forma de una canoa invertida, y señalaron su asombro ante la variedad de rasgos que presentaban los isleños. Algunos eran de piel oscura, como los polinesios, y otros de distintas tonalidades castañas y aceitunadas, como si respondieran a un mestizaje de razas. Los que parecían jefes o sacerdotes mostraban la tez y los cabellos muy claros, y lucían grandes anillos de colores que les perforaban las orejas. Esto alargaba marcadamente su lóbulo inferior, en una forma semejante a la que mostraban las orejas de los *moai* de piedra. El almirante Roggeveen llevaba un diario, en el que consigna su extrañeza por el tamaño y posición de estas estatuas, preguntándose cómo pudo llevarlas a la costa un pueblo que no contaba con troncos de árboles para construir armazones y plataformas, o ni siquiera fibras para tejer cuerdas resistentes.

El Ministerio de Marina holandés registró en sus archivos la Isla de Pascua, como uno de los pequeños descubrimientos oceánicos que se producían con frecuencia en la época. Nadie prestó atención a las observaciones sobre los nativos y sus *moai*, y al parecer el hallazgo cayó en el olvido. Unas décadas más tarde se publicó la traducción inglesa del diario de Roggeveen, que incluye su descubrimiento de la *Easter Island*. Uno de estos ejemplares llegó a manos del virrey del Perú, que en octubre de 1770 envió una expedición de reconocimiento. Los visitantes permanecieron una semana en la isla, consiguiendo que los jefes nativos firmaran unos documentos escritos en una lengua que no podían leer ni entender, por los cuales la Isla de Pascua pasaba a formar parte del Imperio Español. Sus representantes no se interesaron demasiado por establecer mayores lazos, aunque sí consignaron la presencia de las gigantescas estatuas de piedra y el aspecto europeo de la elite que parecía estar al mando.

La visita del capitán Cook

Solo cuatro años más tarde arribó a la isla una verdadera celebridad en asuntos de descubrimientos y exploraciones marítimas. El capitán James Cook, un marino inglés de origen humilde, que se había formado en barcos de cabotaje y en las oficinas cartográficas del Imperio Británico en Canadá, era por entonces el más famoso navegante y explorador del Océano Pacífico. A partir de su primer viaje en 1768, había recorrido Tahití y Nueva Zelanda, realizando excelentes mapas y alzados de sus costas, para explorar luego el gélido Océano Antártico. A principios de 1774 zarpó de Nueva Caledonia hacia el este, en dirección a Hawai, y en el mes de marzo tropezó literalmente con la Isla de Pascua.

En su estancia en Tahití el capitán Cook había incorporado a la tripulación un intérprete llamado Mahine, que dominaba varias lenguas y dialectos polinesios. El hombre pudo entenderse a medias con los isleños, utilizando gestos y palabras sueltas, pero no supo reconocer la lengua que hablaban. Tampoco sus interlocutores parecían entender ninguna de las variantes lingüísticas de los archipiélagos del Pacífico Sur. Cook registró este hecho, así como otros que le parecieron interesantes. No sabemos si el inquieto explorador conocía el diario de Roggenveen y los informes del Virreinato del Perú, pero lo que encontró en la Isla de Pascua era muy distinto de lo que habían descrito los visitantes de unos pocos años atrás. Sin dejar de mostrarse amistosos, los nativos llevaban ahora armas de madera, que ostentaban ante los forasteros. Tampoco eran ya el pueblo numeroso y feliz que describían sus antecesores, sino un puñado de seres de aspecto enfermizo que parecían andar muy escasos de víveres. Los expedicionarios estimaron que la población total no pasaba de 700 personas, y entre ellas no había ninguna de piel clara y rasgos europoides.

En cuanto a los *moai*, muchos habían sido derribados por la erosión de la costa, rompiéndose al caer, y sus plataformas se veían invadidas por hierbas y matojos. Los nativos no pudieron explicar al intérprete la razón de ser de aquellos monumentos abandonados, a los que no prestaban atención y menos aun devoción alguna. En palabras del propio Cook: «los actuales habitantes no fueron ciertamente quienes los construyeron, y ni siquiera reparan el basamento de los que están a punto de derrumbarse».

Una demografía inexplicable

Dada la conformación volcánica de la isla, el navegante inglés supuso que quizá se había producido una erupción sísmica que diezmó a la población y arrasó los recursos naturales. Pero los españoles habían visitado la isla solo cuatro años

Al borde de la extinción

Pese a la enorme distancia que separaba su isla de las rutas habituales y de las regiones desarrolladas, la ambiciosa expansión colonialista del siglo XIX llegó a poner a los pascuenses en riesgo de desaparecer de la faz de la tierra. A partir de 1800 se sucedieron numerosas expediciones, tanto americanas como europeas, que ya no tenían por objetivo la exploración sino la pura y dura trata de esclavos. Los mercaderes esclavistas no solo cazaban y vejaban a los isleños, sino que también les contagiaron la viruela, que causó tremendos estragos entre la población. La primera expedición chilena, que arribó en 1877, solo encontró un centenar de habitantes, muchos de ellos en estado de extenuación. Sin embargo la sufrida y misteriosa etnia rapa nui logró recuperarse y multiplicarse en pocos años, una vez libre de los desastrosos males traídos por los hombres blancos.

antes, plazo demasiado corto para que una catástrofe de tales proporciones no hubiera dejado vestigios. Por otra parte, Cook observó campos de cultivo abandonados, como si los pascuenses ya no quisieran seguir luchando por el sustento, desidia que se veía confirmada por su desinterés hacia los *moai*.

La siguiente sorpresa se la llevaron los miembros de una expedición francesa de 1786, encabezada por el marino y explorador Jean-Françoise de Galaup, conde de La Pérouse. Éste se había propuesto continuar el reconocimiento del

Pacífico Sur, siguiendo las rutas de Cook y de su compatriota Louis-Antoine de Bougainville, descubridor de las Salomón y las Molucas. Al llegar a la Isla de Pascua, Galaup encontró un panorama totalmente diferente del pintado por el navegante inglés doce años antes. La población ascendía a unos 2.000 habitantes, que parecían rozagantes y bien nutridos. Unos pocos de ellos empuñaban implementos de madera, que no eran armas sino símbolos de que ostentaban un cierto rango. En los dibujos del antropólogo de la expedición todos muestran rostros de perfil europeo, al igual que las facciones de los *moai*. El francés coincide con Cook en la desatención y deterioro de estas estatuas, pero apunta que sus plataformas son utilizadas para las ceremonias fúnebres.

El conde de La Pérouse elaboró una hipótesis respecto a los súbitos y continuos cambios en la cantidad y apariencia de los pobladores. Su explicación supone que buena parte de ellos se escondieron al llegar la expedición de Cook, atemorizados por el recuerdo de las reyertas y muertes producidas por los holandeses. Ocultaron también sus provisiones, destruyeron los cultivos, y enviaron ante los británicos un grupo de ancianos y enfermos, que exageraron su debilidad para provocar la compasión de los visitantes y evitar conflictos. Quizá no se puedan entender esos bruscos saltos demográficos en periodos de 4 y 12 años, sin una intervención intencionada de los propios censados. Pero tampoco resulta fácil esconder un millar de personas con sus víveres y pertenencias en una pequeña isla totalmente aislada, que no cuenta con refugios naturales ni bosques frondosos.

Más tarde los estudiosos atribuyeron estas contradicciones a errores y despistes en los registros de los expedicionarios del siglo XVIII, todavía inexpertos en las lides de la observación científica. Aunque esta opinión es atendible, no deja de recurrir al viejo truco de echarle la culpa al mensajero cuando nos atribula el mensaje. A mediados del siglo XX, en el auge de los OVNI y la ciencia-ficción, algunos autores sugirieron que los pobladores que aparecían y desaparecían eran los «hombres rubios», en realidad alienígenas que cada tanto aterrizaban para reanimar a los decadentes habitantes de la isla, no se sabe con qué galácticos propósitos.

El misterio de los orígenes

Uno de los temas relacionados con la Isla de Pascua que más controversias ha provocado desde su descubrimiento, es el del origen de sus primeros habitantes. Desde sesudas investigaciones que no acaban de cuajar, hasta fantasías esotéricas que rozan el delirio, diversas propuestas han intentado dar cuenta de quiénes, cómo y cuándo arribaron por primera vez a ese trozo de tierra firme perdido en la inmensidad oceánica. Dejemos por el momento de lado las posiciones esotéricas que aluden a supervivientes de la Atlántida o a fundadores alienígenas, para centrarnos en las hipótesis de historiadores y antropólogos.

Dada la situación geográfica de la isla, solo pudo ser poblada por una migración marítima proveniente de la Polinesia o, en sentido contrario, de las costas americanas del Pacífico Sur. La primera opción es la más aceptada por la comunidad científica, aunque la segunda tuvo un ardoroso defensor en el ya mencionado Thor Heyerdahl, al que actualmente no le faltan seguidores. Veamos en qué argumentos apoya sus razones cada una de éstas teorías.

La larga travesía hacia el sol

El consenso sobre el origen polinesio responde a un principio tradicional generalmente aceptado: los flujos marítimos de población en el Pacífico Sur, siempre se dirigieron de oeste a este. Es cierto que los papúes de Nueva Guinea se extendieron a las Salomón y al archipiélago de Bismarck; así como es probable que unos siglos antes los primitivos tasmanios emigraran hacia otras islas de la Melanesia. Pero los maoríes poblaron Nueva Zelanda desde las Islas Sociedad, unos 4.000 km hacia el noreste, sin que nadie pueda explicar aún cómo se desplazaron. Posiblemente, haciendo escalas en pequeñas islas y atolones, quizá a lo largo de generaciones. Quienes hubieran partido de Oceanía para poblar la Isla de Pascua no podrían contar con este recurso, lo que supone unas embarcaciones y técnicas de navegación sorprendentemente avanzadas.

La tesis de que en algún momento entre los siglos IV y VI de nuestra era un grupo de maoríes inició una larga y azarosa travesía hacia el sol, se apoya básicamente en argumentos lingüísticos. El propio nombre de *Rapa Nui* es de origen maorí, y también el término *moai*, que significa «imagen». Por otra parte los pascuenses del siglo XVIII no entendieron el lenguaje maorí que utilizaba Mahine, el lenguaraz de la expedición de Cook, y algunos de ellos, en particular los jefes y sacerdotes, llamaban a la isla *«Te Pito O Te Henua»*, que significa «El ombligo del mundo». Y si bien es cierto que tanto los maoríes como los papúes y los tasmanios protagonizaron una expansión hacia el resto de Oceanía, coincidente con la Alta Edad Media europea, quedan algunas dudas sobre su papel fundacional en la Isla de Pascua. Por ejemplo, el hecho de que los isleños utilizaran un sistema de escritura jeroglífica, rudimentario pero desconocido en la Polinesia, o que ninguna cultura de Oceanía produjera estatuas totémicas del tamaño y características de los *moai* pascuenses.

Algunos expertos imparciales prefieren creer que, efectivamente, una expedición desprendida de aquella corriente migratoria polinesia pudo llegar a la Isla de Pascua, pero solo para encontrarse con una población establecida anteriormente. Eso explicaría la superposición lingüística y la presencia de unos ídolos de piedra anteriores al desembarco maorí. ¿De dónde habían venido esos pobladores primigenios? La única cultura relativamente próxima y lo bastante avanzada como para emprender tan ciclópea empresa florecía en la dirección opuesta, en el Perú de los Incas.

La desmedida aventura de la Kon-Tiki

El gran público se apasionó por los enigmas de la Isla de Pascua leyendo los libros de Thor Heyerdahl o las crónicas periodísticas que siguieron puntualmente su azarosa travesía por el Pacífico. Este etnólogo noruego era uno de los más autorizados estudiosos de los pueblos de Oceanía, y en su juventud había vivido en la isla polinesia de Fatu Hiva. Nadie discutía sus conocimientos, en buena parte adquiridos sobre el terreno, ni ponía en duda sus opiniones científicas. Hasta que en 1946 Heyerdahl se puso a la cabeza del reducido y ardoroso bando que sostenía que la Polinesia había sido poblada desde América en el primer milenio de nuestra era.

La argumentación de Heyerdahl se apoyaba en estudios sobre la distribución de los cultivos y en observaciones de las ruinas de Tiahuanaco y otros testimonios de la antigua cultura incaica del lago Titicaca, en la actual frontera entre Bolivia y Perú. Sus construcciones tendían al colosalismo, e incluían grandes estatuas de piedra semejantes a los *moai* pascuenses. El investigador noruego concluyó que esos hombres habían atravesado el Pacífico, posiblemente a finales del siglo VIII, llevando sus costumbres y sus creencias. Los círculos científicos desdeñaron esta hipótesis, arguyendo que los incas y sus antecesores o vecinos solo poseían unas frágiles balsas lacustres incapaces de adentrarse siquiera unas millas mar adentro. Heyerdahl era un hombre testarudo y con espíritu aventurero, que no vaciló en hacerse construir una primitiva embarcación de troncos con un par de simples velas cuadradas, según el modelo de las balsas peruanas. Bautizó su artefacto flotante con el nombre quechua del dios sol, *Kon-Tiki*, y se dispuso a demostrar que era posible navegar en él desde América hasta Oceanía.

En 1947 Heyerdahl zarpó de las costas peruanas con una tripulación de cinco hombres, llevando como mascota una cotorra. La *Kon-Tiki* cumplió una azarosa travesía de 101 días, recorriendo casi 5.000 km sin tocar tierra. Desarbolada y casi desmantelada por vientos y tormentas, embarrancó finalmente en el atolón deshabitado de Raroia, en el archipiélago de las Tuamotu. Los expedicionarios fueron rescatados desde Tahití, y Heyerdahl alcanzó una extraordinaria popularidad, aumentada por la publicación de su libro *Kon-Tiki* en 1950. Dos años más tarde publicó *Indios de América en el Pacífico*, para defender esta hipótesis, y retomó sus investigaciones de campo en la Isla de Pascua. En su libro *Aku Aku*, editado en 1957, intenta reforzar su teoría con las entrevistas y estudios que realizó entre los habitantes de Rapa Nui.

Los «orejas largas» y los «orejas cortas»

Con el viaje de la *Kon-Tiki*, Heyerdahl había demostrado que era posible atravesar todo el Pacífico Sur en una balsa como la utilizada por los indios peruanos, pero no que estos hubieran emprendido alguna vez esa travesía. Por otra parte los arqueólogos habían reunido abundantes testimonios sobre la existencia de artesanía polinesia en Rapa Nui, en especial la cerámica Lapita, original de la Melanesia. El etnólogo noruego elaboró entonces una ingeniosa teoría, según la cual los polinesios habían sido llevados hacia el este por navegantes de una cultura americana más avanzada, que los utilizó como esclavos. La Isla de Pascua habría sido –siempre según Heyerdahl– una especie de base de operaciones en mitad del camino hacia las costas del Perú. En sus propias palabras: «Tal vez los europeos del siglo XIX no fueron los primeros en navegar desde el Perú en expediciones para la caza de esclavos».

Los nativos de Rapa Nui hablaban de un legendario jefe fundador llamado Hotu Matua, que habría encabezado la primera expedición de los también míticos «orejas largas» (recordemos los «hombres rubios» con colgantes que les alargaban las orejas, descritos por el almirante Roggeveen). Éstos habrían sido los constructores de los enormes *moai* de piedra, que también presentan grandes orejas; y los introductores de las grafías *rongorongo*, que al parecer describen mitos cosmogónicos que se cantaban en letanías durante ciertos rituales. Heyerdahl incluye en su hipótesis estos relatos tradicionales, para concluir que Hotu Matua era un alto dignatario del imperio Inca, que estableció el primer asentamiento en una Isla de Pascua deshabitada, que serviría como base de incursiones esclavistas hacia el poniente. Interpretando libremente otras tradiciones, Heyerdahl sugiere la opción de que Hotu Matua fuera un príncipe que había sido derrotado en una guerra dinástica. Ya sea huyendo de los vencedores o desterrado por éstos, navegó hacia el poniente y fundó su nuevo reino en la Isla de Pascua.

El punto fuerte de Heyerdahl era la etnología, y en sus estudios pudo también demostrar que las etnias quechua tenían unas orejas bastante grandes y alargadas, aumentadas a menudo por el uso de pendientes; mientras que los polinesios mostraban unas orejas mucho más pequeñas. Veía en esto la confirmación de que los actuales pascuenses, o «orejas cortas», descienden de una comunidad polinesia llevada a la isla por los señores «orejas largas» para trabajar como sirvientes o campesinos en régimen de esclavitud. Varios siglos después los siervos se rebelaron y eliminaron a sus opresores, enzarzándose luego en una serie de guerras civiles que diezmaron su población y destruyeron los vestigios de la cultura original, excepto los *moai* y las inscripciones del *rongorongo*.

Heyerdahl sitúa el viaje inicial de Hotu Matua entre los años 1000 y 1200 de nuestra era; la importación de esclavos polinesios alrededor del 1500; y la rebelión contra los orejas largas a principios del siglo XVIII. Eso explicaría que Roggeveen fuera aún recibido por los «hombres rubios» en 1722; que cuatro años después, quizá en plena revolución, Cook solo encontrara una partida de nativos famélicos armados; y que a partir de entonces no vuelvan a mencionarse los «hombres rubios», mientras los vencedores «orejas cortas» reaparecen en mayor número y van estableciendo una nueva cultura, que con el tiempo olvidará el origen y el sentido de las estatuas de piedra.

La ciencia pide la palabra

Mientras las atractivas y desafiantes teorías de Thor Heyerdahl extendían su popularidad y motivaban un alud de libros, artículos y documentales sobre Rapa Nui, la antropología oficial seguía acumulando pruebas incontestables para desmontar uno a uno sus argumentos. Una de sus armas más poderosas fueron las nuevas mediciones por carbono 14, que confirmaron las sucesivas migraciones hacia el este en las islas y archipiélagos de Oceanía. Estos datos establecieron que los habitantes de las islas Fiji, que usaban la cerámica Lapita, se desplazaron hacia el este para poblar el archipiélago de Tonga alrededor del año 1300 a. C.; que Samoa comenzó a ser habitada 300 años más tarde, también por grupos que empleaban la misma artesanía; y que las Marquesas, Hawai, Tahití y la propia Isla de Pascua registran sus primeros pobladores entre finales del I milenio a. C. y los primeros siglos de nuestra era. Los incas habían fundado Cuzco en el 1100 d.C., y su imperio alcanzó su mayor florecimiento en los siglos XV y XVI. Aunque hubieran emprendido la travesía que propone Heyerdahl, su arribo a Rapa Nui se habría producido con varios siglos de retraso respecto a la antigüedad de los testimonios polinesios encontrados en la isla.

Contracorriente y sin velas

El noruego contraatacó apelando a las grandes culturas peruanas anteriores a los incas, como la de Mochica y la de Nazca, que precisamente en esa época (300 a. C. - 1100 d.C.) ya empleaban balsas de troncos para la pesca lacustre y costera. Pero aquí tropezó con los modernos oceanógrafos, que señalaron que la *Kon-Tiki* o sus antecesoras, para poder arribar a la Isla de Pascua, deberían haber sido remolcadas unos 70 km mar adentro por un barco capaz de superar las fuertes corrientes marinas de esa zona del Pacífico. De lo contrario hubieran sido irremisiblemente arrastradas en dirección a las islas Tuamotu o las Marquesas, varios miles de kilómetros al norte de Rapa Nui. En realidad, eso fue lo que le ocurrió al propio Heyerdahl, que acabó en las Tuamotu, y a varias expediciones posteriores que pretendieron mejorar su hazaña y confirmar su teoría, intentando llegar efectivamente a Pascua en embarcaciones similares a la *Kon-Tiki*. El golpe de gracia provino de los expertos en historia naval, que observaron que los indios peruanos no conocieron la navegación a vela hasta el siglo XVI, cuando la adoptaron por influencia de los conquistadores españoles.

También la botánica intervino en la polémica, intentando aportar objetividad a las posiciones de unos y otros. Heyerdahl se aferraba a la comprobación de que las palmeras de la Isla de

Pascua pertenecían a una especie original de la costa americana del Pacífico, y que las cañas de totora empleadas por los pascuenses en sus chozas no se daban en la Polinesia, al ser naturales de la región del Titicaca. Sus oponentes argüían que ambas especies pudieron ser llevadas por los españoles o los chilenos y luego proliferar en forma silvestre. Los botánicos terciaron opinando que probablemente esas especies vegetales crecían ya en Rapa Nui siglos antes del descubrimiento de América, pero que era posible que sus semillas hubieran sido transportadas por el aire, el mar, o las patas y plumaje de las aves. Resulta más difícil, pero no imposible, que las simientes de batata o de mandioca viajaran por el mismo sistema a través del océano. En cualquier caso la polémica perdió interés cuando se comprobó por radiocarbono que las palmeras de Rapa Nui están allí desde hace por lo menos 30.000 años. Heyerdahl no insistió en sus argumentos botánicos, ni pudo tampoco responder a una pregunta de sentido común: ¿por qué los incas emigrantes no llevaron consigo maíz, frijoles y calabazas, que eran la base principal de su alimentación?

Un investigador distraído

La acusación principal de la comunidad científica no es que Thor Heyerdahl estuviera equivocado (algo que a ellos también les suele ocurrir), sino que hubiera manipulado y ocultado datos a favor de su hipótesis. Un etnólogo experto en las poblaciones de Oceanía no podía ignorar, por ejemplo, que también en la Polinesia existen grandes estatuas de piedra como las de Tiahuanaco, así como murallas de tipo megalítico, o que las cabañas en forma de canoa invertida eran frecuentes en las Tuamotu y en Mangareva. Y así como olvidó explicar porqué los incas no importaron su insustituible maíz a Rapa Nui, tampoco tomó en cuenta otros productos y técnicas típicamente precolombinos, como artesanías de tejidos y cerámicas o sistemas de riego y de construcción de caminos, totalmente ausentes en la cultura de pascuense.

El discutido investigador decidió cambiar de aires y de temática, pero no renunció a sus afanes marineros. En 1969 reunió una reducida tripulación de diversas nacionalidades a bordo de una documentada reproducción de las barcas de cañas anudadas empleadas por los antiguos egipcios, a la que también dio el nombre del dios solar: «Ra». Su objetivo era demostrar que la civilización faraónica pudo llegar a América y tener gran influencia en los pueblos precolombinos (para lo cual se dotó también de coincidencias eventuales entre ambas culturas). La expedición partió de Marruecos, recorrió el Mediterráneo y atravesó el Atlántico, llegando hasta unos 700 km de las costas de Centroamérica, punto en el que debieron renunciar a proseguir. Heyerdahl escribió el consabido best seller sobre esta aventura, así como sobre la siguiente, efectuada en 1977 en una barca de madera llamada *«Tigris»*, que imitaba las utilizadas en las antiguas civilizaciones mesopotámicas. Con ella navegó por el río homónimo, el Golfo Pérsico y el Mar Rojo, en una travesía de cuatro meses y más de 3.000 km. Su hipótesis de que los sumerios pudieron extender sus rasgos culturales al Asia Menor y la península Arábiga es desde luego plausible, pero les habría resultado más fácil hacerlo por tierra.

Heyerdahl volvió a Rapa Nui en 1987, para dirigir nuevas exploraciones arqueológicas. En 1990, ya con 76 años, publicó sus últimas conclusiones en un libro titulado *El hombre de Kon-Tiki*. Casi medio siglo después de su primera aventura se muestra más ambiguo respecto a sus hipótesis migratorias, pero mantiene que la Isla de Pascua aún guarda dos enigmas sin resolver: los constructores y el significado de los gigantescos *moai* que la custodian; y el origen y decodifica-

El último testigo

Unos años después del hallazgo del padre Eyraud, en el verano de 1886, amarró en la Isla de Pascua el navío estadounidense USS Mohican. El comisario de a bordo, un oficial llamado William Thompson, llevaba también la misión de recoger muestras de la cultura Rapa Nui para el Museo Nacional de Washington. Thompson consiguió hacerse con dos tablillas de inscripciones rongorongo, pero le dijeron que solo el viejo Ure Vae Iko, podría traducirlas. El oficial buscó a aquel hombre centenario y le rogó que le explicara el significado de los símbolos. El anciano se negó varias veces por temor a violar la prohibición del paganismo, pero después de varios tragos de wisky, y sin atreverse a tocar las tablillas, comenzó a entonar el conjuro de fertilidad que leía en uno de los rongorongo, mientras los ayudantes nativos de Thompson tomaban nota de sus palabras. Fue también Ure Vae Iko quien narró a su visitante el mito ancestral de las 42 cópulas fundacionales, y su muerte frustró la expedición de un comité científico que se disponía a entrevistarlo. Las notas de los ayudantes de Thompson no son muy fiables, y en todo caso registran solo unas pocas frases, que el viejo repetía como una letanía. Ure Vae Iko fue posiblemente el último testigo de una sabiduría perdida, que aún ocultan los enigmáticos signos del rongorongo.

ción de la escritura *rongorongo*, el único rasgo de la cultura Rapa Nui que no tiene equivalente en los pueblos polinesios.

Rongorongo: la escritura indescifrable

Es muy probable que si se pudieran interpretar los jeroglíficos de *rongorongo*, nos aclararían el otro misterio de Rapa Nui: los *moai*. A éstos se les supone un simbolismo religioso y mítico, que sería también la función de los textos inscritos en las tablillas. En 1864 arribó por primera vez una expedición de misioneros cristianos, encabezada por el padre Joseph Eyraud, quien encontró estas tablillas con inscripciones prácticamente en cada vivienda de la isla. Los nativos le dijeron que contenían cantos y oraciones que explicaban cómo sus dioses habían creado el mundo. La imposición del catolicismo obligó a destruir esos símbolos paganos, de los que solo quedan hoy una veintena de tablillas. Sus signos representan aves, soles, serpientes, figuras humanas, peces, etc., con rasgos invariables que se repiten y combinan en líneas paralelas, formando grupos de tres separados por un mismo símbolo fálico. En total, 120 grafismos básicos que pueden formar hasta 2.000 combinaciones.

Los pascuenses explicaban la creación de la flora y la fauna de su isla por una serie de 42 apareamientos míticos, lo que parece responder a la posible traducción de un único párrafo, propuesta por el lingüista norteamericano Steven Fischer: «Todos los pájaros copularon con peces, entonces se repartieron bajo el sol».

Los vigilantes de piedra

Una de las muchas particularidades de los *moai* es que muchos de ellos no miran hacia el mar, como las estatuas e ídolos erigidos por otras culturas insulares, sino hacia el interior de la isla. Su aguerrida alineación y la severa actitud de sus rostros no parecen estar dirigidas a posibles piratas o invasores, sino a vigilar a los propios isleños. Estuvieran éstos divididos en una etnia principal y otra servil, según las tesis de Heyerdahl; o se tratara solo de una profunda separación de clases; es probable que el grupo dominante amenazara a los vasallos díscolos con el castigo de sus dioses o antepasados, cuyas colosales efigies los cercaban y controlaban desde la costa.

Mil severos centinelas

Los *moai* son muy semejantes entre sí, con ligeras variaciones en el tratamiento de los rasgos. Se trata en realidad de bustos cortados a la altura de la cintura o de las ingles, en los que la cabeza ocupa casi la mitad del total de la altura, que oscila entre los 2 m para los más pequeños y los 10 m para los monumentales. Las caras muestran facciones definidas, con cuencas oculares hundidas, gran nariz prominente y mentón acusado, mientras la boca sugiere unos labios delgados, a menudo borrados por la erosión. El cráneo, achatado por arriba y por detrás, presenta apenas el volumen necesario para completar una cabeza alargada, en algún caso tocada por una especie de gorro encarnado, que puede representar una corona o sugerir una cabellera pelirroja. Los brazos y los músculos del torso solo están esbozados, así como las grandes orejas pegadas al cráneo que sugieren una relación con la leyenda de los «orejas largas».

Según las épocas de las expediciones, hubo momentos en que el número de estatuas superaba al de los propios pobladores. Los marinos americanos del *USS Mohican* contaron en 1886 más de quinientas, cifra que en exploraciones posteriores llegó a acercarse al millar. Hoy quedan poco más de cien *moai*, de los que muchos han perdido los ojos de piedras de colores, lo que les da un aspecto aun más sobrecogedor. Originalmente se erigían sobre plataformas costeras de piedra, en ciertos casos tan amplias como para contener quince o más estatuas colocadas en fila. En la actualidad existen unas 280 plataformas, aunque no todas conservan sus *moai*, ya que gran parte de ellos han sido derrumbados por la erosión de la orilla o durante las revueltas y luchas civiles, que muy probablemente fueron también guerras de religión. Algunos yacen todavía al pie de las plataformas, en su mayoría en pedazos, lo que sugiere que los faltantes pudieron ser arrojados al mar o destrozados por los propios isleños en algún momento de su enigmática historia.

Las investigaciones han evidenciado que los habitantes de la isla no fueron los constructores de los *moai*, ni tienen gran idea de su origen y significado, por lo menos desde la época del viaje de James Cook en 1774. Los isleños de entonces explicaron a Mahine, el intérprete tahitiano de la expedición, que las estatuas representaban a los jefes ancestrales. Pero como sabemos, los diálogos de Mahine con los pascuenses no fueron en absoluto fluidos y su capitán dejó escrita su convicción de que aquellos nativos no habían sido los constructores de las estatuas, a las que parecían respetar más por su imponencia que por su significado.

Antepasados y dioses

Las culturas de la Antigüedad solían identificar a los dioses con sus antepasados, y viceversa, por lo que existe consenso entre los estudiosos de que los *moai* simbolizaban ambas cosas, pero no con un fin idolátrico. Es decir eran una representación de los dioses, no los dioses en sí mismos, y probablemente servían como «canalizadores» para invocarlos en

Los ancestros de ET

En la década de los años sesenta del siglo XX, cuando la NASA preparaba el primer viaje tripulado a la Luna, un avispado hotelero suizo llamado Erich von Daniken se recicló en apóstol de unos supuestos astronautas galácticos que nos habrían visitado en la más remota Antigüedad. En su libro *Recuerdos del futuro* el ingenioso autor proponía la tesis de que esos visitantes habrían jugado un papel prominente en el desarrollo de las primeras civilizaciones. Von Daniken aportaba desde luego numerosas «pruebas», que iban desde el presunto astronauta dentro de un cohete espacial representado en una tumba maya, hasta considerar que los extensos surcos trazados en los Andes peruanos por la cultura Nazca eran pistas para el descenso de naves extraterrestres. Pero la gran especialidad de los alienígenas eran las construcciones monumentales: el pétreo observatorio espacial de Stonehenge, las pirámides de Egipto, la Puerta del Sol de Tiahuanaco, y... los moai de la Isla de Pascua. Su gran argumento era que ninguna de las respectivas comunidades humanas contaba con medios tecnológicos suficientes para erigir tales colosos sin una ayuda «externa». Von Daniken se hizo rico con sus libros, documentales y conferencias, pero la comunidad científica ni siquiera se dio por enterada de sus hipótesis.

determinados ritos y ceremonias litúrgicas. Esta idea se ve reforzada por la presencia de las plataformas, que pueden considerarse una suerte de altar o santuario, y por el hecho de que las estatuas miraran hacia tierra firme, o sea al lugar donde podían ubicarse los sacerdotes y fieles.

Esta hipótesis choca en cierta forma con el gran número de *moai* que se llegaron a levantar en el pasado. ¿Eran necesarios más de mil sitios rituales en una isla que no llega a los 200 km^2? Tal proliferación puede tener dos explicaciones, que no se excluyen entre sí. Muchas de las estatuas, quizá las menos colosales, pudieron cumplir una función totémica como dioses-antepasados de las distintas familias o clanes de Rapa Nui. El nombre «totem» proviene de los ídolos animistas de las tribus norteamericanas del Pacífico Norte, en el actual Canadá y Alaska, tallados en postes de cedro y pintados con vivos colores. Cumplían a la vez funciones protectoras y rituales, al tiempo que marcaban los territorios de cada tribu y advertían a los forasteros de su combatividad y fiereza, simbolizadas en las coloridas figuras que los adornaban. Este tipo de creencia era frecuente en muchos pueblos primitivos, en el estadio cultural que presumiblemente habían alcanzado los pobladores originarios de la Isla de Pascua. De allí la presencia de *moai* monumentales de 20 m de altura, o de grandes plataformas con varias estatuas en hilera, donde se celebraban los ritos multitudinarios o ciertas ceremonias especiales oficiadas por la clase sacerdotal; junto a centenas de *moai* totémicos, a los que cada grupo o estirpe rogaba favores particulares de fecundidad, seguridad, buenas cosechas, o suerte en la caza y la pesca. La otra explicación, que puede ser conjunta y complementaria, es que la disposición de las impresionantes estatuas en todo el perímetro de la isla servía para advertir a cualquier incursor de la capacidad y el vigor de los isleños, capaces de tallar, transportar y erigir semejantes moles de piedra.

Las estatuas andantes

El gran taller de los constructores de *moai* era una gigantesca cantera excavada en el volcán Rano Raraku. El sitio es realmente impresionante, con centenares de nichos dejados al retirar las estatuas terminadas, y alrededor de 400 *moai* inacabados, en distintas etapas de elaboración. Uno de ellos, denominado por los pobladores «El Gigante», presenta 21,5 m de altura y se estima que una vez concluido pesaría unas 270 toneladas. ¿Cómo pensaban sus constructores transportarlo hasta la costa y ponerlo en pie sobre su plataforma? Incluso una estatua pascuense más común, con por ejemplo un cuarto de las dimensiones de *El Gigante*, sería imposible de mover sin palancas, cuerdas, y plataformas rodantes, aun así con un considerable conocimiento técnico y una ingeniosa inventiva mecánica. Los pascuenses no conocían la rueda, y el almirante Roggeveen describe una vegetación rala, de arbustos y matojos, con algún árbol solitario aquí y allá. No había pues troncos más o menos sólidos, ni tampoco plantas fibrosas para trenzar cuerdas resistentes. Resulta arduo imaginar cómo se las arreglaron, como no fuera con la colaboración de los alienígenas de von Daniken.

Cuando Thor Heyerdahl regresó a Rapa Nui en 1955, los nativos le dijeron que no había ningún secreto en el traslado de esas moles de piedra de varias toneladas: los *moai* abandonaban los nichos y avanzaban por sí mismos, bamboleándose, hasta colocarse sobre las plataformas. Sin duda se trataba de otra antigua superstición, pero el noruego pensó que quizá estuviera basada en el verdadero sistema para trasladar las estatuas, balanceándolas a un lado y a otro, como si se tratara de mover un refrigerador. En la expedición de 1986, Heyerdahl y el ingeniero checo Pavel Pavel pusieron en práctica aquella idea: empleando cuerdas amarradas a la cabeza y la base de un *moai* de 4,30 m de altura, un equipo de quince hombres consiguió desplazarlo, haciéndolo oscilar y girar sobre su base. Pero después de recorrer unos metros debieron detenerse, pues el pie de la estatua se estaba deteriorando por la fricción contra el suelo.

Algunas pruebas que se hicieron posteriormente lograron transportar los *moai* a una cierta distancia, pero siempre utilizando un buen número de robustos troncos de árbol. Una de ellas fue realizada por el geólogo Charles Love en Estados Unidos, con una imitación en cemento del mismo peso, forma y altura que una estatua original. Montó esta réplica sobre una base de troncos atados con cuerdas, que a su vez hizo rodar sobre otros troncos perpendiculares que se iban recolocando por delante. En solo dos minutos un grupo de 25 hombres arrastró la mole unos 50 m, antes de que cayera al suelo al topar el artilugio con un desnivel del terreno. El problema fue solucionado por otro sistema, en el que se colocaba el *moai* acostado y amarrado sobre una plataforma de troncos, de manera que no lo tumbaran los accidentes del terreno. Este método, comprobado solo en una simulación por ordenador, exigiría en la realidad no menos de una veintena de troncos de buen grosor para cada traslado.

La destrucción del paraíso

En todos los ensayos realizados un buen número de troncos se astillaban o partían por el esfuerzo, lo que significa que unos pocos podían ser reutilizables. Si de todos modos este parece ser el único sistema posible, y se estima que llegaron a levantarse no menos mil estatuas, debemos aceptar que en algún momento hubo en la isla un frondoso bosque. Los análisis de polen han demostrado que ya siglos antes de la llegada de los primeros pobladores, fueran quienes fueran, existía una vegetación muy distinta de la actual, en la que destacaban numerosos árboles de planicie. Estos bosques y sotos comenzaron a degradarse en el primer milenio de nuestra era, y las últimas muestras de polen arbóreo datan de mediados del siglo XV.

Como en muchos otros casos, la llegada de los seres humanos coincidió que el paulatino deterioro del ecosistema natural, que probablemente comenzó por los propios bosques. Tal vez el uso de los troncos para acarrear *moai* fue solo un factor, al que hay que agregar la construcción de chozas y canoas, así como las grandes fogatas rituales. La desfoliación afectó a su vez al régimen de lluvias, y este a la fertilidad del terreno. Paulatinamente la aridez se extendió por la isla, dificultando los cultivos y la cría de animales. La escasez de alimentos pudo ser la mecha que encendió las revueltas y luchas civiles, que probablemente agotaron lo que quedaba de madera en la fabricación de armas y barricadas.

Los supervivientes «orejas cortas» se las arreglaron lo mejor que pudieron, enterraron sus muertos a la sombra de unos monumentos que no entendían y guardaron tablillas con una escritura cuyo significado fueron olvidando. En ese olvido se desvaneció la memoria de una isla paradisíaca, con frondosas forestas protegidas por los *moai*, ante los cuales los «orejas largas» de tez blanca y cabellos claros cantaban *rongorongo* en honor de las cuarenta y dos cópulas que generaron el mundo.

Las ciudades ocultas de los mayas

«La ciudad se veía desolada. Las ruinas no mostraban ni un solo rastro de sus pobladores, y se elevaban ante nosotros como un barco destrozado en medio del océano. Todo era misterio; un oscuro e impenetrable misterio, que se incrementaba a cada paso.»

JOHN STEPHENS, descubridor de las ruinas de Copán.

Algunos conquistadores españoles, que habían incursionado en el sur de México y la península de Yucatán, hablaban de fabulosas ciudades escondidas por la espesura en lo más profundo de la selva húmeda. Estos relatos pasaron a formar parte de las tantas fantasías que matizaron e impulsaron la conquista, hasta que a lo largo del siglo XIX se fueron descubriendo aquellas magníficas ciudades perdidas, al parecer súbitamente abandonadas por sus habitantes. Pertenecían al misterioso pueblo maya, que ocupó la región en el I milenio a. C., y cuyo florecimiento en los primeros siglos de nuestra era produjo la civilización más avanzada de la América precolombina, superior a la mayoría de las culturas de la época en el resto del mundo.

Hoy los estudiosos cuentan con valiosos e irrebatibles testimonios del alto desarrollo alcanzado por los Mayas en artes como la arquitectura, la pintura y la alfarería, de sus asombrosos conocimientos de las matemáticas y la astronomía, o de su dominio de un elaborado sistema de escritura. Pero aún se sigue debatiendo la finalidad de los enormes templos y plataformas, o la causa de su súbita declinación, que los llevó a abandonar las imponentes ciudades perdidas.

Una civilización milenaria

Al comenzar el primer milenio anterior a nuestra era, mientras los aqueos y dorios conquistaban Grecia con sus novedosas armas de hierro; Roma aún no había sido fundada; y tanto en Egipto como en Asiria se iniciaban eras de decadencia, los mayas se las habían arreglado para abrir campos de cultivo y construir sus primeras ciudades en medio de la intrincada selva húmeda. Ocupaban ya buena parte de la península de Yucatán y las regiones adyacentes de América Central y el sur de México, cultivando maíz, frijoles, calabazas, chili, mandioca, o cacao. Las plantaciones de algodón proveían a una activa artesanía textil, que elaboraba también prendas de pita o sisal para abrigos y ponchos. En los volcanes de las tierras altas explotaban minas de jade y obsidiana, que probablemente comerciaban con otros pueblos de la región. Más tarde comenzaron a construir centros urbanos con grandes plataformas de piedra, presididos por las características pirámides escalonadas, al tiempo que desarrollaban una cultura cada vez más elaborada y compleja.

La aristocracia ilustrada

Pese a su extensión territorial, su elevado número y su avanzada civilización, los mayas nunca llegaron a constituir un Estado único y centralizado. Su organización política se semejaba más a las ciudades griegas que al imperio romano, y las distintas tribus mantenían su independencia dentro de una cultura compartida y una religión común. A mediados del I milenio a. C. surge una elite política y religiosa que erige grandes templos y monumentos funerarios como símbolo de su poder. El advenimiento de esta aristocracia gobernante significó la estratificación de la sociedad maya en clases, y el dominio absoluto de unas monarquías dinásticas que reinaban en cada ciudad, comerciaban entre sí o se aliaban para la guerra, pero nunca llegaron a constituir realmente lo que a veces se llama «el imperio maya».

En la época de mayor auge el territorio de los mayas abarcaba todo el tercio oriental de Mesoamérica, que comprendía la actual Guatemala, la parte oeste de Honduras, Belice, y el estado mexicano de Campeche, con mayor concentración en la península de Yucatán. Allí se distribuían no menos de veinte ciudades-estado, algunas de imponente grandeza por sus monumentales edificios y templos artísticamente decorados.

Apogeo y caída

Entre los siglos III y IX de nuestra era, la civilización maya en su conjunto alcanzó cotas inigualadas por cualquier otra cultura del Nuevo Mundo. Los miembros de la clase dirigente y sacerdotal fueron los impulsores de los notables avances en las artes y las ciencias, que ellos mismos ejercían de forma exclusiva y elitista. También eran los aristócratas quienes dominaban el doble calendario astral y la escritura jeroglífica, claros ejemplos del alto grado de conocimiento que habían logrado desarrollar.

Florecen en ese periodo grandes reinos urbanos como Copán, Tikal, Uxmal, o Palenque, y en esta última ciudad surge el mayor soberano de toda la historia maya: Pacal, el «Señor del Sol», cuyo reinado a principios del siglo VII simboliza la cúspide del poderío y la cultura de ese pueblo excepcional. Pero dos siglos más tarde algo extraño y catastrófico se abate sobre los mayas. La población se reduce bruscamente en todo el territorio, y los supervivientes huyen de las ciudades, dejando sus hogares y abandonando para siempre los símbolos e instrumentos de su elaborada civilización.

La floresta de la selva húmeda y la maleza de las tierras altas invaden las enormes plataformas y trepan por las pirámides escalonadas, las tumbas y los santuarios, hasta ocultar las antiguas construcciones en la espesura. La humedad carcome los bajorrelieves y las constantes lluvias van decolorando las pinturas murales.

Ni los mayas ni ningún otro pueblo volverán a ocupar aquellas ciudades fantasmales, apenas entrevistas por unos pocos conquistadores que las convierten en leyenda. Solo en los inicios del siglo XIX un viajero norteamericano y un artista inglés se adentrarán en la jungla que rodea a Copán, comenzando a desvelar el milenario enigma de los mayas.

Tras las huellas del Señor del Sol

John Lloyd Stephan era un próspero abogado neoyorquino, que sentía pasión por los viajes y afición por los misterios del pasado. Hacia 1835, durante una estancia en España, encontró, en los archivos de la conquista de las Indias, un texto que despertó su inquietud: la *Relación de las cosas del Yucatán*, escrita en el siglo XVI por el obispo Diego de Landa, que informa sobre una cultura ancestral desaparecida que había florecido en esa zona. Poco después, en Londres, su amigo el dibujante y pintor Frederick Catherwood le dio a conocer un libro publicado en inglés unos años antes, en el que un tal capitán Del Río relata su visita en 1787 a unas extrañas ruinas situadas en la población mexicana de Palenque.

Un hallazgo en la jungla

Intrigados por esta coincidencia, Stephen y Catherwood deciden organizar una expedición al Yucatán en busca de aquella civilización perdida. La empresa se concreta en octubre de 1839, cuando ambos amigos embarcan en Nueva York con rumbo a la colonia británica de Belice, enclavada en la costa del Caribe entre las fronteras de México y Guatemala. Inician allí una difícil travesía hacia el interior de la selva húmeda guatemalteca, en la que deben evitar las partidas de bandidos, los ataques de jaguares y serpientes, o los temibles caimanes que los acechan al vadear los ríos. A estas amenazas se suman el húmedo calor tropical, los terribles mosquitos y las lluvias torrenciales, que dificultan el laborioso avance a golpe de machete por la enmarañada jungla virgen.

El tesón y el esfuerzo de los dos exploradores obtiene su recompensa unas semanas después, cuando descubren en medio de la espesura las ruinas de Copán, tras pasar el límite con Honduras. Sus sentimientos son a la vez de entusiasmo y de decepción. Han hallado una de las ciudades perdidas, pero esos restos no les dicen nada sobre sus antiguos pobladores, ni pueden relacionarse con ninguna cultura americana conocida. Saben por los documentos que han consultado que debe pertenecer a un pueblo llamado maya, pero su origen y su historia siguen siendo un enigma. De allí la frustración que expresa Stephen en la cita que abre este capítulo, donde insiste en «el oscuro e impenetrable misterio» que sugieren los callados vestigios de Copán.

En investigaciones posteriores el descubrimiento de los dos pioneros daría no obstante algunas pistas sobre la vida y costumbres de los mayas. El núcleo de Copán agrupa cinco plazas de suelo enlucido, presididas por un gran conjunto arquitectónico que recuerda a la acrópolis griega, con sus palacios y edificios religiosos, entre ellos dos enormes templos, uno de los cuales estaba dedicado a los eclipses. Hay también una gran escalinata totalmente cubierta por 2.500 glifos tallados en la piedra, que es la escritura maya más extensa encontrada hasta ahora; otra escalera llamada de los jaguares; diversos altares y tumbas con estelas y relieves; y un gran anfiteatro de planta rectangular. Junto a la plaza de los jeroglíficos se encuentra el juego de pelota, también en forma de rectángulo, bordeado por escalinatas que recuerdan las tribunas de un estadio. Se supone que este juego tenía un carácter ritual, y que los participantes golpeaban con la cabeza y el cuerpo una pelota de caucho macizo, ya que no estaba permitido impulsarla con las manos o los pies. Los puntos se marcaban alcanzando con la bola uno de los tres pilares con forma de cabeza de guacamayo, situados a los lados del campo.

El libro publicado por Stephen en 1841, *Incidents of Travel in Central America, Chiapas y Yucatán*, ilustrado por detallados dibujos de Catherwood, desató una verdadera «mayamanía» que a lo largo de las décadas siguientes dio lugar a numerosas expediciones. Así se fueron descubriendo otras importantes y reveladoras ruinas, como la de Tikal y el Altar de los Sacrificios en Guatemala; o las de Uxmal, Chichén Itzá, y Palenque en México. En esta última vivió una inquietante aventura casi un siglo después el arquéologo mexicano Alberto Ruz Lhuillier.

El hombre de la máscara de jade

En el conjunto monumental de Palenque destaca el imponente Palacio, un edificio ornado con relieves y pinturas de escenas rituales y religiosas, que presenta arcos trilobulados y una torre de tres pisos. La llamada Casa del León lleva a tres grandes templos (el del Sol, el de la Cruz, y el de la Cruz

EL SARCÓFAGO EXTRATERRESTRE

Nuestro conocido Erich Von Däniken, mentor de los astronautas arcaicos, no vaciló en identificar los relieves que cubren el sarcófago de Pacal como un viajero espacial sentado a los mandos de su nave interplanetaria. El imaginativo escritor suizo describe el interior del cohete, sus instrumentos y puertas de entrada, y cree ver en la postura del rey de Palenque «con su cuerpo inclinado hacia adelante como un motorista» la indudable actitud de quien conduce un vehículo muy veloz, impulsado por las llamas que asoman en su parte posterior. Aunque una mirada ingenua podría encontrar verosímil esta explicación, los científicos se apresuraron a señalar que el supuesto astronauta responde a la representación de los reyes y nobles en el arte maya, y que los componentes de su «nave» son motivos decorativos habituales en numerosos frisos y monumentos de esta cultura. Por otra parte el viajero lleva la cabeza asomada al exterior, y en la punta del presunto cohete en pleno vuelo se ha posado un ave quetzal, con indudable riesgo para sus sagradas plumas. De todas formas hay que decir que la fantasía de Von Däniken popularizó a Palenque y la cultura maya mucho más que los sesudos textos de arqueólogos y antropólogos.

Foliada), no lejos del habitual juego de pelota y el Templo de las Inscripciones, que se eleva sobre una pirámide escalonada de más de 20 m de altura y cuenta con una de las más largas escrituras jeroglíficas mayas, datada en el siglo VII. Fue precisamente estudiando este templo que Ruz Lhuillier encontró una lápida ajustada al suelo por medio de una doble hilera de orificios unidos por asideros de piedra. El arqueólogo, intrigado, consiguió remover la lápida, que dejó ver una sombría escalera que llevaba a un pasadizo subterráneo a unos 25 m de profundidad. Pero este túnel secreto debajo del gran templo estaba taponado por piedras y escombros que lo hacían totalmente inaccesible. A Ruz Lhuillier y su equipo les llevó casi dos años remover este obstáculo, que el tiempo había cementado con arcilla y guijarros filtrados por las lluvias. Finalmente encontraron una enorme placa triangular, frente a la cual había un cajón de piedra conteniendo ricos adornos de perlas, jade y conchas marinas, que probablemente formaban parte de una ofrenda mortuoria. Cerca se agrupaban los cadáveres de seis jóvenes adolescentes, cuya ejecución debió constituir la otra parte del ritual fúnebre.

Diez años más tarde se extrajo la mole de escombros acumulada detrás de la placa triangular, y los investigadores pudieron acceder a la gran cripta. En el centro de la estancia se levantaba un sarcófago excavado directamente en la piedra caliza, totalmente cubierto por complejos y abigarrados relieves. Contra la pared de la bóveda se erguían nueve grandes figuras de yeso, y entre las artísticas cerámicas y piezas de plata que cubrían el suelo se veían dos cabezas de aljez, visiblemente arrancadas de sendas estatuas situadas en uno de los templos de la ciudad. Ruz Lhuillier supuso que se trataba de efigies del ocupante de la tumba, por la similitud de rasgos con la figura humana sedente que aparecía en la tapa del sarcófago. Cuando esta fue retirada, dejó ver el cuerpo de un hombre ricamente vestido y adornado de la cabeza a los pies con joyas y abalorios. Su rostro estaba cubierto por una

Demasiado sabios para ser nativos

Los prejuicios eurocéntricos favorecieron las más extrañas teorías sobre el origen de los mayas, a partir de la convicción de que un pueblo indígena no podía alcanzar tales niveles de conocimiento científico y técnico. Diversos escritores aficionados y periódicos sensacionalistas publicaron artículos que atribuían esa sorprendente civilización en medio de la selva americana a colonos llegados de los lugares más exóticos, como Egipto o China, sin excluir a los supervivientes de la Atlántida o a los astronautas extraterrestres. Desde luego la antropología demostró en forma inapelable que los mayas no solo eran nativos de Mesoamérica, sino que descendían de una etnia indígena ancestral, cuyos rastros podían seguirse con precisión hasta los primeros pueblos agroalfareros que se establecieron en la región hacia el 1.500 a. C.

valiosa máscara formada por un mosaico de jade y obsidiana, notablemente parecida a las cabezas de estatua que la custodiaban.

Debieron pasar dos decenios hasta poder comprobar que la conjetura del investigador mexicano era acertada. Al decodificarse unas escrituras del templo, se supo que tanto las cabezas como la máscara eran imágenes rituales del hombre sepultado con tanto boato en lugar tan secreto: el Señor del Sol, o sea el gran rey Pacal, que gobernó en la época de mayor esplendor del reino de Palenque.

Los jeroglíficos del Templo de las Inscripciones relatan detalladamente la vida y obras del gran soberano de Palenque, y ofrecen numerosos detalles sobre la civilización y las costumbres de su tiempo. El ocupante del célebre sarcófago había nacido el 26 de marzo del 603 d.C., y recibió el nombre de Pacal, que significa «escudo en la mano», y el título dinástico de «Señor del Sol». A la muerte de su padre en el 615, ascendió al trono con solo doce años de edad, para iniciar un largo y fructífero reinado. Bajo su gobierno la ya floreciente cultura de Palenque alcanzó un notable desarrollo, semejante al que también disfrutaban otros grandes reinos y ciudades del territorio maya.

Pacal reinó a lo largo de casi setenta años, y a finales de su dilatada vida decidió erigir su propio mausoleo, en el que debería ser el templo más impresionante y lujoso jamás levantado en Palenque. Las obras se iniciaron en el 675, pero el gran soberano falleció ocho años más tarde, el 31 de agosto de 683, cuando solo se había levantado una parte de la gran pirámide. Fue entonces su hijo, «Jaguar serpeante», quien se ocupó de proseguir la construcción, que según las inscripciones se finalizó en 692. Los jeroglíficos no mencionan la cripta real, pero la lógica nos permite suponer que el pasadizo y la bóveda subterránea fueron excavados antes de comenzar los trabajos en la superficie, y que por lo tanto Pacal fue sepultado directamente en su sarcófago de piedra. Con lo cual los arquitectos no las debieron tener todas consigo mientras continuaban el ambicioso proyecto, bajo la vigilancia de ultratumba del Señor del Sol.

El siglo de los prodigios

Todos los expertos coinciden en que la civilización maya alcanzó su mayor esplendor en la época en que Pacal reinó sobre

Palenque, o sea en el siglo VII de nuestra era. Por sí mismos, y sin ningún contacto con otras culturas, desarrollaron las ciencias fundamentales de la Antigüedad (agricultura, astronomía, matemáticas, arquitectura, metalurgia) y descollaron en diversos tipos de expresión artística. Crearon además un sistema de escritura para dejar registro de su historia, sus creencias y sus costumbres, lo bastante estructurado y orgánico como para poder ser interpretado más de un milenio más tarde.

Los matemáticos mayas utilizaban un sistema vigesimal que empleaba el signo cero, desconocido por griegos y romanos e introducido en Europa por las árabes a partir del siglo XIII. Escribían los números combinando los puntos que representaban las unidades con una barra que significaba el cinco, mientras que para el cero dibujaban una concha marina (o la incrustaban en los relieves). Sin duda este sistema matemático colaboró tanto en la elaboración de los calendarios como en los cálculos astrales y arquitectónicos, así como les permitió llevar la meticulosa cuenta de fechas, distancias, y número de combatientes y prisioneros en la crónica de las hazañas de sus reyes.

El arte de los mayas mostraba un alto desarrollo estético y técnico, que se expresaba en dibujos y pinturas sobre planchas de corteza de árboles, pieles o yeso; en relieves de piedra o tallas en madera; y en figuras de estuco, arcilla o terracota moldeada; aparte de una rica y colorida artesanía en objetos de cerámica. Los mayas conocían muy bien las técnicas para trabajar los metales pero, al ser éstos escasos en la región, solo se utilizaban para ornamentos reales y joyas engarzadas con gemas traídas de las minas de jade y obsidiana. Los astrónomos perfeccionaron la conjunción entre sus dos calendarios, el «corto» de 260 días y el «largo» de 360, que se intercalaban entre sí como los dientes de un engranaje, al tiempo que enriquecían un conocimiento astral que les permitía predecir los eclipses y los movimientos planetarios.

Sin duda el más asombroso y perdurable logro de las ciudades mayas fueron ellas mismas. Es decir, las enormes construcciones de perfeccionismo geométrico, asentadas sobre una planta urbana absolutamente racional, que se distribuía en plataformas de distintos niveles, pirámides escalonadas en cuya cima se alzaban templos o santuarios, y grandes plazas poligonales unidas por amplias escalinatas. Ciertos monolitos y pilares en lo alto de los templos cumplían funciones de observatorio astronómico, y la arquitectura estaba estrechamente ligada al arte, ya que los edificios y superficies mostraban relieves y pinturas, a veces consistentes en jeroglíficos con textos de carácter religioso o histórico.

Escrito en la piedra

Los jeroglíficos encontrados en Copal, Palenque, y otros asentamientos mayas pertenecen a un mismo sistema de glifos, y generalmente estaban grabados en piedra en las escalinatas y muros exteriores de los templos y palacios. Esto los hacía tan duraderos como públicos, al menos para los que sabían leerlos. El otro soporte de la escritura maya eran láminas de madera de higuera, que se plegaban y cosían por los bordes formando una especie de carpeta. Estos escritos se guardaban en los templos o se depositaban en los sepulcros de los gobernantes o grandes personajes, pero su contenido no difería mucho de lo que podía leerse en las inscripciones de piedra. Se cree que los conquistadores españoles destruyeron buena parte de esas escrituras por considerar que eran conjuros paganos, y en la actualidad solo se conservan cuatro: los llamados códigos de Dresde, de París, de Grolier y de Madud.

Por esos textos sabemos que en el año 695, poco después de que la terminación del Templo de las Inscripciones marcara el apogeo de Palenque, un gran soberano ascendía al trono en Copán, el reino más fuerte y dominante de la región occidental de la actual Honduras. Su nombre dinástico era «Cazador de Ardillas» y se distinguió por su carácter autoritario y sus hazañas guerreras. En mayo de 738 inició una incursión invasora sobre la pequeña ciudad de Quiriguá, a unos 40 km de distancia sobre el río Motagua, para hacer una demostración de poderío. Pero ocurrió que el humilde jefe quirigüeño «Cielo de Cauac» consiguió apresar y hacer decapitar al soberbio rey invasor, acabando así con sus cuarenta años de reinado.

Esta anécdota y otros hechos similares relatados en las inscripciones, han echado por tierra la visión romántica de los «mayólogos» del siglo XIX, que consideraban a los mayas un pueblo solidario y pacífico, dedicado a construir pirámides y estudiar el firmamento. Por el contrario, eran frecuentes las guerras e invasiones, ya fuera entre los propios reinos o contra otros pueblos, así como las torturas y ejecuciones rituales. El antropólogo Arthur Demarest, que estudió los testimonios históricos de la región de Dos Pilas, entre Guatemala y México, ha señalado que las batallas tenían por motivo las disputas dinásticas y la obtención de prisioneros para sacrificios religiosos masivos y sangrientos.

La pirámide humana

La estructura piramidal no era solo la forma sagrada sobre la que se erigían los templos, sino que toda la sociedad maya representaba una pirámide rigurosamente escalonada. Cada ciudad o reino era gobernado por un monarca teocrático o *halach-uinic*, que designaba entre los miembros de la aristocracia a los *bataboob* o jefes de las aldeas y sus áreas rurales. La casta sacerdotal la formaban los *ah konoob*, encabezados por el sumo sacerdote con el título de *ahuacán* o «Señor serpiente». El orden religioso se integraba además con el *nacon*, especie de párroco

Herencia de sangre

La práctica de sangrías rituales y sacrificios humanos era consustancial al sistema de poder político y religioso en la sociedad maya. La sagrada autoridad de los reyes, consagrada por los sacerdotes, se apoyaba en la creencia de que su continuidad era imprescindible para la existencia del Universo. Con el tiempo esa continuidad se hizo dinástica, y la herencia de la sangre se propiciaba con más sangre. Ante el nacimiento de su heredero, el rey practicaba una sangría en su propio cuerpo, como ofrenda de homenaje y agradecimiento a los antepasados de la estirpe. A su vez el príncipe debía participar en una guerra y coger al menos un prisionero, que sería sacrificado a los dioses en la ceremonia de su ascensión al trono. La ausencia de sucesor o la ambición de otros candidatos, llevaban a violentas guerras civiles, con el consiguiente derramamiento de sangre.

territorial, y los *chaces* encargados de los sacrificios. Luego venía el numeroso pueblo llano de campesinos, artesanos y servidores; y finalmente los *pentacoob* o prisioneros esclavizados para acarrear los mármoles y piedras, hasta que les llegara el turno de ser sacrificados en una ofrenda ritual.

Escenas de la vida cotidiana

Tanto Demarest como el antropólogo Michael Coe, de la Universidad de Yale, y otros autores, han reunido evidencias sobre la vida cotidiana de los mayas en aquella «Edad de Oro» del siglo VII. La familia típica se componía de entre cinco y siete miembros, que vivían en cabañas de una única habitación, construida con palos entrecruzados recubiertos de arcilla y techado de paja. Estas viviendas se agrupaban en pequeñas aldeas rurales o en los alrededores de las grandes acrópolis de las ciudades (la de Tikal llegó a contar por entonces con 90.000 habitantes).

El desayuno básico era el atole, una bebida de harina de maíz hervida, acompañada por tamales, consistentes también en una pasta de maíz, envuelta en hojas de mazorca o pieles de plátano, que se cocía al vapor o en hornos de barro. Los que podían permitírselo bebían además una taza de chocolate caliente. Al amanecer los adultos partían a sus tareas, y la comida principal se hacía probablemente al finalizar la jornada. El menú habitual se componía de frijoles, calabazas y el infaltable maíz, preparados de diversas formas, y cada tanto un plato de carne de pavo o de conejo.

Los hombres trabajaban principalmente en la agricultura, en especial en las épocas de siembra o de cosecha, mientras que las mujeres permanecían en la cabaña o sus cercanías, atendiendo a la provisión de agua y alimentos, tejiendo telas y cosiendo las ropas, vigilando a los niños o preparando la comida. Por la noche todos volvían a reunirse en el hogar, donde el jefe de familia solía oficiar una leve sangría ritual, seguida de cantos y oraciones en honor de los antepasados.

En las ciudades y sus alrededores la mayor parte de la población se ocupaba en tareas al servicio de los poderosos, entre ellas la construcción y la servidumbre doméstica o palaciega. Como contrapartida, las clases altas convocaban periódicamente a algún espectáculo patriótico o religioso, que llenaba las plazas de una multitud expectante y especialmente vestida y adornada para el evento. El acontecimiento principal solía ser un juego de pelota, que finalizaba con la decapitación ritual del bando perdedor; aunque también las ceremonias litúrgicas o las bodas y funerales reales tenían su parte sangrienta en forma de sacrificio de uno o más prisioneros, como lo atestiguan los cadáveres juveniles hallados en la cripta de Pacal.

Los mayas cultivaban una estética personal que hoy puede resultar curiosa, y que ostentaban en esos encuentros públicos. Especialmente valorados eran los ojos ligeramente estrábicos, por lo que los padres solían colgar unos pequeños abalorios de la nariz de los niños, a fin de forzarles a cruzar la mirada. Según Michael Coe otro tortuoso tratamiento de belleza era fajar los cráneos infantiles para darles una forma cónica que era muy apreciada. Al llegar a la adolescencia los varones se hacían tallar algunos dientes en punta o en forma de T, y se pintaban el rostro y el cuerpo con tintes oscuros que les abrasaban la piel. Una vez casados, su epidermis pasaba a lucir complicados tatuajes que imitaban los temas de las tallas y bajorrelieves o, ya puestos a sufrir, se marcaban el cuerpo a cuchillo para formar dibujos con las cicatrices.

Un declive inesperado y enigmático

El brusco y misterioso derrumbe de la civilización maya ha motivado diversas teorías que intentan explicar cómo y porqué aquellas magníficas ciudades quedaron de pronto vacías y sus alrededores deshabitados. La población total se redujo de una forma espectacular en pocas décadas, perdiendo probablemente millones de habitantes; y los sitios que habían sido emblemáticos durante milenios fueron súbitamente abandonados. Este extraño fenómeno se inició a principios del siglo IX en algunas poblaciones de la selva húmeda hondureña, extendiéndose rápidamente a Guatemala, Belice y México, al punto de que al finalizar la centuria la cultura maya como tal había dejado de existir.

El fugaz resurgimiento de Chichén Itzá

El antiguo asentamiento de Chichén Itzá, fue el centro de un brillante resurgimiento de los maya-toltecas, particularmente en la arquitectura y la escultura monumental. Los templos, pistas de juego de pelota y plataformas de varios niveles mezclan el estilo típico de las ciudades mayas con influencias de los pueblos del centro de México. Se conservan aún la torre cilíndrica denominada «El Caracol», destinada a observatorio astronómico; el palacio de Kukulcán, dos grandes templos, el panteón del sumo sacerdote, la plaza de las Mil Columnas, siete juegos de pelota y un mercado, aparte de otros edificios menores. Chichén Itzá fue el último bastión de un espíritu y estilo maya que ya era híbrido con la cultura de los toltecas, hasta que éstos fueron vencidos por los chichimecas al promediar el siglo XII y se replegaron hacia la región de Cholula.

Los últimos reductos

Pero el desplome de aquella civilización no significó la desaparición de la etnia que le había dado origen. Muchos pobladores se desplazaron a los confines de la jungla o a las tierras altas, donde recuperaron antiguas aldeas o construyeron otras nuevas. Allí mantuvieron una agricultura de subsistencia, sin rastros de la opulencia de los grandes reinos, pero conservando ciertos vestigios de los mitos religiosos y guerreros de sus antepasados. Algunos de estos pobladores fueron sometidos por los toltecas itzaes de Acatl Topiltzin, sumo sacerdote de Quetzalcoátl, que se había desplazado en plan de conquista hacia el Golfo de México y el Yucatán, instalándose en Chichén Itzá. La sinergia entre los invasores toltecas y lo que los mayas habían podido conservar de su civilización milenaria, produjo una especie de renacimiento en el extremo de la península, donde también habían florecido Uxmal y Mayapán.

Si bien todos los estudiosos están de acuerdo en que Chichén Itzá fue solo un coletazo final de la gran civilización maya que se había desmoronado súbitamente en el siglo IX, más tarde aquel mestizaje de itzaes y mayas volvió a recuperar buena parte del Yucatán, uniendo a doce ciudades en la llamada Liga de Mayapán, que en rigor de verdad era ya una alianza entre distintos jefes toltecas. Mientras tanto en Guatemala los mayas de la tribu chiqué se trenzaban en interminables luchas con otras tribus vecinas, facilitando que Pedro de Alvarado los redujera definitivamente en 1525. Diez años después Francisco de Montejo conquistaba el Yucatán, aunque los itzaes resistieron en el interior hasta ser diezmados por Martín de Ursúa en 1627. Según parece ninguna de estas expediciones españolas llegó a tropezar con las ruinas de las grandes ciudades mayas, o tal vez alguna pasó por allí destrozando y saqueando lo poco que quedaba.

¿Un desastre por motivos naturales?

Entre las posibles razones del colapso de los mayas, se ha esgrimido la imposibilidad de que una civilización avanzada florezca y perdure en la selva tropical. El entorno natural y climático inhóspito, las lluvias torrenciales, la vegetación agresiva y la peligrosa fauna de ese tipo de regiones solo había producido en el resto del mundo unas culturas bastante primitivas, reducidas a la caza y la pesca, la recolección de frutos, y una

La teoría de la revolución campesina

En 1972 el especialista en historia precolombina Eric Thompson aportó una teoría nueva y diferente sobre la verdadera causa de la extinción cultural de los mayas. Como es sabido, eran los reyes, aristócratas y sacerdotes quienes mantenían y practicaban las ciencias y las artes, así como la escritura y las liturgias del culto. Según Thompson, en algún momento del siglo IX esta clase dirigente alejó al pueblo llano de los recintos urbanos y se despreocupó de su suerte. Los poderosos se dedicaron a honrar a los dioses de la guerra y al planeta Venus, abandonando las deidades nutricias y protectoras que simbolizaban la cooperación y armonía entre las clases. Esto acabó provocando rebeliones campesinas que, sumadas a la decadencia de los gobernantes, terminaron por abolir sus símbolos y vaciar sus emblemáticas ciudades.

religión elemental de base animista. ¿Cómo hubieran podido los mayas mantener aquellas complejas ciudades y desarrollar una sociedad urbana avanzada en esas condiciones? Sin duda se había tratado de un intento loable, pero condenado al fracaso. Y tal vez bastaron dos o tres sequías seguidas o un par de tempestades especialmente catastróficas para derrumbar a ese gigante cultural con pies de barro.

La teoría de una catástrofe natural que derriba un emplazamiento humano inestable, se apoyó también en los testimonios de fenómenos sísmicos encontrados por los investi-

La fuerza del destino

Resulta sorprendente que los reyes y jefes guerreros no atinaran a detener la espiral de violencia que estaba desmoronando la civilización que ellos habían construido y desarrollado, como razón de ser de su poder y su orgullo. Para algunos estudiosos la raíz de tal resignación residía en la misma cultura que se estaba derrumbando, y respondía a la interpretación esotérica de sus conocimientos astronómicos. En el año 790 terminó uno de los grandes ciclos del complejo sistema de calendarios, cuyo fin vaticinaba una larga época de enfrentamientos y calamidades. Los gobernantes fueron a la guerra por mandato de ese augurio sagrado, y se empeñaron en destruirse mutuamente para dar paso a una nueva era de paz y prosperidad que anunciaban las profecías.

gadores. Estas pruebas demuestran que los terremotos afectaron a varios emplazamientos, entre ellos Quiriguá y Xunantunic, evidentemente abandonados a toda prisa y dejando los destrozos sin reparar. Pero la mayor parte de las grandes ciudades mayas se ubicaban al margen de las zonas volcánicas, y no muestran rastros de fracturas tectónicas, aunque sí de la apresurada huída de sus pobladores. ¿Qué otra calamidad pudo provocar ese súbito éxodo? Los huracanes del Caribe todavía hoy resultan devastadores, y sin duda arrasaban en ocasiones a buena parte del territorio maya. Pero resulta arduo aceptar que esa sola causa pudiera desmoronar una civilización, hecho que en realidad no ha ocurrido nunca en otras zonas del planeta sometidas a fenómenos ciclónicos. Como señala Robert Sharer, de la Universidad de California, los efectos de los huracanes sobre las selvas húmedas suelen ser beneficiosos, en tanto pueden abatir parte de éstas, abriendo claros para el cultivo y los asentamientos agrícolas.

El otro flagelo natural que ha exterminado a millones de personas es la peste, de trágico recuerdo en Europa y Extremo Oriente. Hubo quienes especularon con una epidemia de peste bubónica o fiebre amarilla que pudo diezmar a buena parte de los mayas, provocando la huída del resto ante ese mal desconocido que supusieron un castigo de los dioses. La hipótesis era atractiva, porque justificaría el desinterés posterior por recuperar los templos, monumentos y espacios rituales. Pero los paleopatólogos no pudieron hallar signo alguno de peste en los huesos y restos humanos, ni tampoco se encontraron los enterramientos masivos que son habituales en este tipo de calamidades. El estudio de otros pueblos americanos corrobora que no existieron en el Nuevo Mundo epidemias masivas, hasta la llegada de los colonizadores europeos.

Para que la hostilidad o las catástrofes de la naturaleza pudieran provocar por sí solas el colapso del pueblo maya y el derrumbe de su civilización, hubiera sido necesario que varios factores actuaran a la vez y de forma conjunta. Por ejemplo, que una epidemia, un terremoto y una racha de ciclones se abatieran al mismo tiempo sobre la región. Tal caso no es verosímil ni existe ningún testimonio de que estos males naturales hayan castigado a los mayas en forma simultánea.

¿Invasión o superpoblación?

Descartadas en principio las calamidades de la naturaleza como fuente principal del acelerado declive los mayas, los investigadores comenzaron a estudiar la posibilidad de una debacle por motivos humanos. La historia registra varios casos de grandes civilizaciones hundidas por la invasión de pueblos que eran mejores para la guerra, aunque no necesariamente en otros aspectos, y esos antecedentes llevaron a suponer que los mayas pudieron correr la misma suerte. Sin embargo, si hemos de creer a sus jeroglíficos, eran guerreros eficaces y exitosos, sin rivales considerables en toda la región. La única invasión que pudo con ellos se debió a la guerra expansionista de un imperio del México central, el de los toltecas, y aún así Topiltzin llegó a someter el Yucatán *después* de producirse el súbito declive maya y su acción fue más reivindicativa que destructora de aquella cultura.

La otra opción era que hubieran sido los propios mayas quienes provocaron su destrucción. Entre otras teorías se consideró una improbable inmolación colectiva de carácter místico, una inesperada hambruna por algún garrafal error en la gestión del ciclo de las cosechas o en el almacenamiento y distribución de alimentos o, más posiblemente, un exceso de población que hizo imposible sostener el sistema agrícola de subsistencia en un territorio inadecuado y sometido a una constante explotación y deforestación. Pero la escasez o la desnutrición no actúan de forma súbita e imprevista, ni obligan a una civilización desarrollada a abandonar para siempre sus templos, observatorios astronómicos, símbolos y registros históricos.

Las guerras intestinas

Según buena parte de los investigadores, la posible revolución popular propuesta por Thompson no habría sido una causa necesaria, ya que los reyes y nobles pudieron bastarse por sí solos para autodestruirse. Hay datos de que a partir de finales del siglo VIII las rivalidades y ambiciones de los distintos gobernantes llevaron a una sucesión continua de guerras civiles, que como es habitual fueron mucho más devastadoras que las batallas tradicionales. Hasta ese momento los combates cumplían ciertas formalidades casi rituales, y solían definirse por la retirada de un bando o la muerte de uno de los jefes, sin afectar a la población ni a sus viviendas, templos y símbolos tribales o religiosos. Pero las guerras intestinas tenían por fin arrasar y ocupar el territorio rival, tal como lo hizo el reino de Dos Pilas sobre sus vecinos, aunque finalmente también resultara devastado.

El campo de batalla pasó a ser todo el territorio a conquistar, y el principal botín las aldeas, ciudades y templos del enemigo. Las consecuencias de ese tipo de conflicto no fueron solo las bajas civiles directas, probablemente masivas en muchos casos, sino también su efecto sobre la agricultura y el éxodo o redistribución de los pobladores. La aristocracia maya aplicó sus conocimientos arquitectónicos a construir murallas defensivas en torno a las ciudades, para proteger sus palacios y templos, así como sus propias vidas. Al igual que en la Europa feudal, en caso de guerra todo el que podía se refugiaba en el recinto amurallado. Esto provocaba dos situaciones: la huída o exterminio de los que habían quedado fuera, y la escasez y el hambre en la ciudad abigarrada y sitiada. No sería extraño que, volviendo a la hipótesis de Thompson, esto provocara revueltas contra la nobleza que aumentaban la destrucción y la mortalidad.

Originadas por mandato divino o por pura ambición expansionista, lo cierto es que las guerras internas son consideradas hoy como la causa principal del declive y extinción de la civilización maya. Sin duda entraron también en juego otros factores, y no todos los expertos asignan la misma importancia a las luchas intestinas. Lo que no puede discutirse es que, si éstas no se hubieran generalizado y exasperado, los mayas habrían podido seguir prosperando durante mucho tiempo. Tal vez hasta alcanzar un desarrollo muy superior al de los europeos que no supieron encontrar su legado en cuatro siglos, y a los que aún les cuesta interpretarlo.

Ellos aún están allí

En las últimas décadas, el creciente interés de los científicos y del gran público por las culturas llamadas étnicas y sus manifestaciones, ha producido un verdadero alud de estudios e investigaciones sobre la civilización maya. Ejércitos de arqueólogos, antropólogos, etnólogos, historiadores, lingüistas, arquitectos y geólogos invaden las ancestrales ruinas, toman fotografías y mediciones de carbono, exploran nuevos testimonios o descifran laboriosamente las inscripciones. Resulta paradójico que mientras estos expertos buscan afanosamente explicar las causas de la desaparición de los mayas, varias decenas de mayas rondan a su alrededor con comprensible curiosidad.

Se estima que unos 5.000.000 de habitantes de origen maya se distribuyen entre Guatemala, Honduras, Belice y El Salvador, mientras que otro 1.200.000 viven en el sur del estado mexicano de Chiapas. Tanto el subcomandante Marcos como Rigoberta Menchú han puesto de relieve, por medios opuestos, la situación de abandono y pauperización que soportan esas comunidades indígenas, descendientes directos de aquella avanzada y poderosa civilización precolombina. Ni la miseria ni las feroces matanzas supuestamente antiguerrilla han podido exterminarlos, y hoy sobreviven vendiendo sus artesanías o representando sus fiestas rituales para los turistas. Es de esperar que otro gran ciclo astral esté terminando, y los vástagos del Señor del Sol puedan entrar en la era de paz y de progreso que auguraban los vaticinios ancestrales.

Los ignorados fundadores de Tiahuanaco

«Debemos suponer que los constructores de Tiahuanaco llegaron de alguna región que había sido civilizada por influencia del Viejo Mundo, para desaparecer poco después sin dejar descendientes, llevándose el secreto de sus prodigiosas habilidades.»

Pablo Chalón, 1876

Erigida en una meseta de los Andes a casi 4.500 m de altitud, Tiahuanaco no es solo la construcción más elevada en toda la historia de la humanidad, sino también la más misteriosa y antigua de la América precolombina. Su fundación se remonta quizá al inicio de nuestra era, pero debió alcanzar su mayor auge al promediar el I milenio. En el siglo XVI los indios aimaraes, habitantes de la región, no pudieron explicar a los conquistadores españoles el origen de aquella misteriosa ciudad de piedra. Tampoco sabían dar cuenta del significado de los relieves esculpidos en los monumentos, ni de la forma en que se habían trasladado y montado los enormes bloques de piedra de las terrazas y los muros. Solo afirmaban que cuando llegaron sus ancestros Tiahuanaco ya estaba allí, vacía y silenciosa en lo alto de la cordillera.

El enigma de Tiahuanaco fue un apasionante tema de especulaciones y discusiones a los largo de los siglos siguientes. Exploradores, misioneros, viajeros y científicos elaboraron las más diversas teorías sobre su origen y sobre la avanzada civilización desconocida que la había erigido, para esfumarse de pronto sin dejar rastros. O, mejor dicho, dejando ese imponente testimonio como un incógnito mensaje a descifrar. Algunas hipótesis sobre los fundadores fueron realmente extravagantes, y van desde una raza gigantesca capaz de llevar a hombros las inmensas moles de piedra, hasta navegantes extraviados y arrastrados por las corrientes oceánicas, pasando por los «hombres barbados y de piel blanca» recogida de las tradiciones aimaraes.

Los primeros visitantes

Tiahuanaco se encuentra a unos 20 km al sur del lago Titicaca, que es también el más alto del mundo (3.812 m.) y el más grande de la América meridional, en el altiplano andino que se extiende entre Perú y Bolivia. El yacimiento presenta varias construcciones colosales, conformadas por grandes bloques de piedra (andesita, basalto, piedra arenisca) unidos sin mortero y erigidos sobre amplias terrazas escalonadas. Las más notables son el edificio llamado Kalasasaya, probablemente un templo o santuario ritual; y el Akapana, consistente en una construcción en forma de herradura de 15 m. de alto, rodeada por una muralla.

El testimonio más interesante de esa remota cultura reside en la denominada Puerta del Sol, abierta en un solo megalito con el frontispicio cubierto de relieves y en el centro una figura humana que se supone representa al dios solar. La puerta da a un recinto cuadrado, que aún conserva dos de sus muros de pilares monolíticos, y en un extremo una escalinata que lleva a otro recinto enmarcado por tres hileras de columnas. Hay también un templo semisubterráneo, con las paredes decoradas por cabezas esculpidas en la piedra; y una plataforma con grandes obeliscos denominada Pumapuncu.

El conde despectivo

Al promediar el siglo XIX Tiahuanaco era un destino atractivo para exploradores aventureros, arqueólogos aficionados y viajeros excéntricos. Entre estos últimos se contaba el conde Francis de Castelnau, un aristócrata francés que llegó al Altiplano en 1850, dispuesto a desvelar el misterio de sus orígenes. Al parecer la ignorancia de los aimaraes al respecto le resultó muy irritante: «Se dice que estos monumentos fueron construidos por los indios aimaraes –escribió a su regreso–, cuya civilización debió haber sido entonces mucho más avanzada que la de los incas. Sin embargo, los edificios de Tiahuanaco pertenecen probablemente a una civilización bruscamente desaparecida sin dejar huellas, a causa de un extraño suceso cuya memoria no ha conservado la raza de imbéciles que pueblan hoy la región». Tal despliegue de prejuicio e intolerancia permite devolver al propio de Castelnau el adjetivo que él propina a los aimaraes.

Conquistadores desconcertados

Desde los primeros tiempos de la conquista, los españoles tuvieron noticia de una ciudad misteriosa escondida en la cima de los Andes. Pero no manifestaron demasiado interés, quizá porque sus informantes no hablaban de oro y platería como en el caso de otras ciudades legendarias del Nuevo Mundo. Finalmente en 1549 el conquistador ilustrado Pedro Cieza de

León, que sería el primer historiador europeo del Perú, decidió subir en busca de la extraña ciudad de piedra. Poco después registró su admiración y su desconcierto en un texto que describe detalladamente las plazas escalonadas de Tiahuanaco y los sorprendentes monumentos de su área central, señalando que «las tumbas de los jefes nativos tienen puertas que apuntan hacia la salida del sol». Cieza de León entabló contacto con los aimaraes de la región, que habían sido dominados un siglo atrás por Pachacuti y eran entonces vasallos del imperio Inca. Cuando el inquieto cronista les preguntó si la ciudad había sido construida por sus antepasados o por los incas, los nativos echaron a reír. Esa ciudad siempre había estado allí, dijeron, antes de cualquier reino conocido; y nadie sabía desde cuándo, ni quiénes la habían construido. Cieza de León se muestra convencido de que sin duda no había sido esa tribu primitiva, de baja estatura y piernas y brazos cortos, la que había transportado y levantado aquellas inmensas moles de piedra, y supone que Tiahuanaco es «la construcción más antigua de todo el Perú».

Tampoco los sucesores de Cieza de León, como Diego de Agüero o Pedro Martínez de Moguer, ni los funcionarios coloniales del Virreinato del Perú o los sacerdotes misioneros que catequizaron la región, consiguieron obtener datos sobre el origen de Tiahuanaco, evidentemente porque los aimaraes nunca lo supieron, o ya lo habían olvidado. Después de comprobar el tamaño y peso de las piedras de más de cuatro toneladas, el jesuita Bernabé Cobo dedujo en el siglo XVII que la ciudad había sido levantada por una extinguida raza de gigantes.

Los arqueólogos dibujantes

Los pioneros de la arqueología en la segunda mitad del siglo XIX, no disponían de cámaras fotográficas portátiles ni otros recursos para registrar sus hallazgos. Sus típicas herramientas de trabajo eran un lápiz bien afilado y un cuaderno de notas, en el que describían por escrito lo que iban descubriendo, con la ayuda de bosquejos y mapas esquemáticos. Todos debían tener una cierta habilidad para el dibujo, y algunos fueron verdaderos artistas. Tal era el caso del estadounidense Efraín Squier, que realizó pormenorizados bocetos de los montículos funerarios del valle del Mississippi, y luego una serie de magníficas ilustraciones de los principales monumentos de Tiahuanaco.

Hacia 1877 Squier se ganaba la vida como diplomático y decidió dedicar las vacaciones de ese año a una visita al lago Titicaca y la ciudad de piedra descrita por de Castelnou y otros viajeros inquietos. Trazó un plano detallado de todos los emplazamientos y edificios, añadiendo las líneas imaginarias trazadas por las ruinas, y dibujó con cuidadoso y excelente estilo los grandes monumentos. Entre éstos una hermosa ilustración de la Puerta del Sol, con la enorme grieta que atraviesa el friso superior y causa la inclinación del pilar de la derecha. Para dar una idea del tamaño del monumento, agrega algunos personajes en primer plano, entre ellos un europeo barbado con mula y fusil, que tal vez sea una representación del propio Squier.

Un centro ceremonial

Los dibujos de Efraín Squier mostraron por primera vez al mundo el fascinante rostro de Tiahuanaco, y difundieron una idea más clara de la grandeza y la importancia del yacimiento del Altiplano. Uno de los más impresionados fue el austriaco Arthur Posnansky, que había dejado su trabajo como ingeniero naval para explotar una plantación de caucho en la selva amazónica. Aficionado a la arqueología, en 1903 Posnansky

Un animal antediluviano

Arthur Posnansky no se dio por vencido ante la fría recepción académica brindada a sus especulaciones. Para desorientar a sus colegas, dejó de lado la astronomía y se sacó de la manga una prueba de la protofauna: tanto en la Puerta del Sol como en diversos objetos artesanales de Tiahuanaco, aparece representado un extraño animal que no figura en la zoología contemporánea. Para evitar que sus adversarios opinaran que podía ser una más de las tantas bestias mitológicas presentes en las culturas de la antigüedad, pidió la opinión de un equipo de zoólogos y biólogos evolucionistas. Éstos concluyeron que aquel curioso animal se correspondía con las formas del toxodonte, especie extinguida al final de la última era glacial, hace unos 12.000 años.

se dirigió a Bolivia para contratar algunos excavadores, y desde La Paz recorrió el breve trayecto hasta el lago Titicaca. Allí emprendió una larga campaña de excavaciones y mediciones que le insumieron los siguientes 40 años de su vida.

Un cuarto de siglo después, cuando Posnansky aún rondaba por allí, inició su propia investigación el arqueólogo norteamericano Wendell Bennett, que dirigió excavaciones en mayor escala y utilizando métodos y equipos más científicos. Esto le permitió localizar con sensores un gran monolito entre los escombros del interior del templo subterráneo, en el que se había tallado y grabado una altiva figura de más de 8 m.

de alto, que resultó ser la mayor estatua individual encontrada en Tiahuanaco. El complicado diseño del traje, el tocado y los adornos en relieve, hizo suponer a Bennett y sus colegas que se trataba de un alto personaje, probablemente un dios o un rey de aquella misteriosa cultura andina. También supuso, en coincidencia con Posnansky, que ese tipo de hallazgos y la total ausencia de vestigios de viviendas, indicaban que Tiahuanaco era un enorme centro ritual y no una ciudad habitada por una población numerosa. Más adelante veremos que ambos pioneros estaban equivocados.

En busca del génesis americano

A pesar de este consenso sobre la función religiosa y ceremonial la gran construcción andina, Posnansky y Bennett disintieron abiertamente sobre la posible época de su fundación. Mientras Bannett asume una fecha cercana al comienzo de la era actual, que fue generalmente aceptada, su colega austriaco retrocede mucho más en el tiempo basándose, como tantos otros partidarios de culturas milenarias, en una presunta función astrológica de los monumentos. Según Posnansky, Tiahuanaco había sido erigido por una civilización prehistórica, que sería la más antigua del continente americano.

La ciudad de diecisiete milenios

La hipótesis de Posnansky se apoya en el típico argumento de suponer que uno o más edificios fueron erigidos para marcar algún hecho astronómico. Basta entonces hacer simulaciones retroactivas de los movimientos de los astros, hasta hallar el momento en que el suceso astral coincide con la orientación del monumento, indicando así la fecha de su construcción. Posnansky escogió la plataforma que sirve de base al templo de Kalasasaya, y concluyó que originalmente indicaba con exactitud a los dos solsticios solares y a los respectivos equinoccios de otoño y primavera. O sea, al punto de la salida del Sol en el día más largo y más corto del año, y los dos amaneceres en que el día y la noche tienen la misma duración. Por suerte para su hipótesis, a mediados del siglo XX la plataforma no señalaba esos sitios; porque si lo hubiera hecho el templo sería de muy reciente construcción. Como hemos visto en un capítulo anterior, el eje de la tierra oscila muy lentamente a lo largo del tiempo, por lo que cualquier alineación con el Sol u otro astro cambia también de posición relativa en un periodo cronológico lo bastante extenso. Posnansky tuvo que retroceder hasta el año 15.000 a. C. para hallar la buscada coincidencia de Kalasasaya con el ciclo solar, anunciando triunfalmente que Tiahuanaco testimoniaba una civilización americana de alto desarrollo arquitectónico, cuando los europeos aún vivían en cuevas.

Pero la comunidad científica no se dejó impresionar por su demostración astronómica. El movimiento axial llamado precesión abre un amplio abanico de posibilidades a los visionarios que buscan utilizarlo para sostener la existencia de supuestas civilizaciones milenarias. Basta con hacer girar el reloj retroactivo de las oscilaciones del eje terrestre, para que en algún momento de la extensa cronología planetaria una alineación trazada en la Tierra acabe coincidiendo con un fenómeno celeste.

La edad dorada precolombina

Estimulado por su éxito con el toxodonte, Posnansky dejó volar su imaginación, apoyándola con un buen conocimiento de otras teorías sobre civilizaciones tan milenarias como ignotas. Afirmó entonces que Tiahuanaco no había sido solo la ciudad más antigua de América, sino la capital de un sabio y poderoso imperio que se extendía a lo largo de los Andes. Los gobernantes del Altiplano elaboraron códigos legales y morales que propiciaban la paz y el entendimiento entre los pueblos, y establecieron una edad de oro de la América precolombina, cuyas manifestaciones se extendían desde el norte de Chile y Argentina hasta la península de California.

La magnífica civilización de Tiahuanaco había alcanzado su apogeo en la segunda mitad del XI milenio a. C., y fue el germen ancestral de otras grandes culturas precolombinas, como la de los Incas, los mayas, o los toltecas y aztecas. ¿Cómo pudo desaparecer dejando un único testimonio de piedra y unas pocas piezas de alfarería? Según Poniansky, a causa de una devastadora inundación producida por la súbita elevación de las aguas del Titicaca.

El mar en el Altiplano

El investigador austriaco culmina su descripción de la época y el escenario de la avanzada cultura de Tiahuanaco, con un panorama paradisíaco del clima y el paisaje de la zona hace 17.000 años. Sostiene que la cuenca del Titicaca, bañada entonces por unos afluentes mucho más caudalosos (los actuales ríos Coata, Ilave y Ramis en Perú, y el Suches en Bolivia), no era la planicie semiárida de hoy sino un inmenso espejo de agua que incluía el lago Poopó, aún ahora conectado al Titicaca por el río Desaguadero. Los milenarios tiahuanaqueños empleaban ágiles embarcaciones que atracaban en grandes puertos de piedra, como el que Poslansky ubicaba en una terraza semihundida, algo alejada del área monumental de la ciudad.

La pesca inagotable en ese mar a 4.000 metros de altura y el inteligente aprovechamiento de un régimen de lluvias que favorecía la agricultura, permitió a Tiahuanaco alcanzar una

La fuerza de la ilusión

Pese al descrédito de la hipótesis cronológica de Posnansky en los círculos científicos, su atribución del origen americano a una misteriosa civilización surgida hace unos 17.000 años sigue manteniendo popularidad en Bolivia y Perú, y despertando interés en toda Hispanoamérica. Mientras en el resto del mundo casi se lo ha olvidado, sus libros siguen reeditándose cada tanto en español, y son leídos y comentados incluso en ámbitos de buen nivel cultural. Si duda los habitantes de esos países se sienten atraídos por la idea de provenir de una raza multimilenaria de seres de una extraordinaria sabiduría, antes que aceptar unos ancestros más humildes y menos espectaculares.

tranquila prosperidad y un notable florecimiento, al tiempo que su ubicación excepcional provocaba la admiración de los otros pueblos y facilitaba la extensión de su influencia cultural y religiosa (Poslansky dixit).

Aquel Titicaca sobredimensionado sirvió asimismo al imaginativo arqueólogo para dar cuenta del brusco ocaso de esa esplendente civilización. Apeló para ello al manido recurso de un inesperado cataclismo, que diezmó a la población y eliminó todo vestigio de su existencia. En este caso una erupción en serie de volcanes andinos que produjo un tremendo seísmo, desbordando las aguas del inmenso lago. El terremoto y la consiguiente inundación hundieron en las entrañas de la tierra toda la magnificencia de Tiahuanaco, excepto los monumentos de piedra y algunos objetos protegidos en sus cámaras subterráneas.

Desvelando el misterio

En la segunda mitad del siglo XX, tras varias décadas de divulgación de las populares teorías de Posnansky, varios arqueólogos decidieron que era necesario encontrar explicaciones más científicas al origen de Tiahuanaco. Equipos de investigadores norteamericanos y bolivianos realizaron una valiosa labor de excavación e investigación, que hacia 1980 fue proseguida por Alan Kolata, de la Universidad de Chicago, y Oswaldo Rivera, del Instituto Nacional de Arqueología. Estos trabajos no abarcaron solo el conjunto monumental, sino también otros asentamientos precolombinos urbanos y rurales de la cuenca del Titicaca. En líneas generales llegaron a coincidir con la hipótesis de Wendell Bennett, que sitúa la fundación en los últimos siglos del primer milenio a. C.

El calendario de la alfarería

Para establecer la historia cronológica de Tiahuanaco, Kolata y Rivera utilizaron un método que ya había empleado parcialmente Bennett. Se trata de estudiar los cambios técnicos o estilísticos introducidos en la confección de las piezas de alfarería encontradas en el Altiplano, siguiendo además la evolución de las elaboradas bajo su influencia en otras regiones andinas. Estas piezas posteriores, imitaciones de la artesanía de Tiahuanaco o inspiradas en ella, dejaron de producirse cuando el vasto imperio Inca impuso su propio estilo de alfarería en todo ese territorio. Esto ocurrió, como hemos visto, a mediados del siglo XV de nuestra era, y la evolución artesanal estudiada por Bennett y sus continuadores debió consumir algo menos de mil años. O sea que el momento fundacional se situaba un par de siglos antes del comienzo de nuestra era.

Estudios y mediciones más recientes llevaron a acordar una ligera diferencia con esa fecha propuesta por Bennett, de forma que la cronología de Tiahuanaco quedó establecida en la siguiente forma: el lugar fue habitado alrededor del siglo V a. C., y entre los siglos II y III de nuestra era alcanzó las proporciones de una gran ciudad. Hacia el siglo IV dominaba ya gran parte del Altiplano y la cuenca del Titicaca, y a partir de entonces expandió su poder en un vasto imperio andino, al tiempo que alcanzaba las cotas más altas de desarrollo urbano y arquitectónico. La catástrofe que arrasó la esplendente capital, y con ella toda la civilización de Tiahuanaco, debió ocurrir en torno al año 1000 d.C., o sea cuatro siglos antes de la llegada y hegemonía de los Incas. Esta cronología, hoy generalmente aceptada, da razón a los aimaraes cuando decían que Tiahuanaco ya estaba allí cuando llegaron los incas, y consagra al menos en parte la tesis de Posnansky sobre un vasto y civilizado imperio andino hasta entonces ignorado. Pero no coincide con él en retrotraer ese imperio a la era glacial, sino que establece unas fechas más ajustadas a la historia precolombina reconocida. En este aspecto consagra los estudios de Bennett, y también la presunción del primer visitante europeo de Tihuanaco, el cronista Cieza de León.

El ocaso de Posnansky

En los últimos años la antropología ha ido desmontando uno a uno los argumentos esgrimidos por Posnansky para justificar la existencia de una antiquísima y fabulosa civilización en Tiahuanaco. Excavaciones en las áreas circundantes al centro ceremonial, hallaron ruinas de viviendas y extrajeron de los escombros piezas de alfarería de la misma época de la encontrada en los templos. Estos testimonios indican que Tiahuanaco no fue un santuario ritual reservado a nobles y sacerdotes, sino una ciudad bastante populosa de entre 40.000 y 80.000 residentes estables, distribuidos en un área de unos 8,5 km^2. En ese caso, podía ser aceptable que dispusiera en las afueras de un puerto fluvial para llegar al Titicaca. Ocurre que todas las nuevas ruinas encontradas hubieran estado sumergidas por el extenso «mar» andino imaginado por Posnansky.

Para más inri, los recientes trabajos arqueológicos en la ciudad de Iwawe, en la orilla actual del Titicaca, encontraron efectivamente ruinas de un puerto, datadas en la época de Tiahuanaco. Lo que vino a confirmar que entonces el lago alcanzaba la misma extensión que tiene actualmente. En cuanto al tema del toxodonte prediluviano, estudios más detenidos de los relieves de Tiahuanaco y otras culturas de la región, mostraron que sus creadores no pretendían reproducir una imagen realista de los animales, sino un diseño simbólico relacionado con su función religiosa o mitológica. Lo más probable, concluyeron los expertos, es el que el supuesto toxodonte sea la representación estilizada de un puma, felino americano muy difundido en la zona.

El otro hallazgo fundamental para la demolición de la hipótesis de Ponansky fueron unos restos humanos desenterrados en el subsuelo de uno de los templos. Los milenarios cadáveres no ofrecían muestras de haber perecido ahogados en una inundación, sino de una muerte violenta, quizá en un último y desesperado sacrificio ritual.

Los Viracochas: «hombres blancos y barbados»

Gracias a modernas técnicas de indagación y nuevos métodos multidisciplinarios de trabajo de campo y de estudios comparativos, se pudo establecer con bastante exactitud la antigüedad de Tiahuanaco, así como su extensión, importancia, y desarrollo cultural. Las hipótesis extravagantes de Ponansky y sus émulos pasaron a ser propuestas imaginativas y hábilmente elaboradas, pero insostenibles desde el punto de vista científico, que contaba ya con abrumadoras pruebas de su inconsistencia. Sin embargo, la muda ciudad de piedra en lo alto de los Andes planteaba aún un enigma sin resolver: si no había sido erigida por los incas, ni por los antepasados de los aimaraes, ¿qué pueblo desconocido era el creador de Tiahuanaco y de su avanzado imperio en los Andes centrales?

La leyenda del dios blanco

Ya en el siglo XIX, tanto el Conde de Castelnau como el historiador boliviano Pablo Chalón descreían de que Tiahuanaco pudiera ser obra del modesto y primitivo pueblo aimara. Chalón afirma haber recogido una tradición indígena sobre unos hombres blancos y barbados, que habían dominado la región y erigido los monumentos. Más tarde fueron atacados por una coalición de tribus rebeldes, que los obligó a buscar refugio en las islas del Titicaca, donde finalmente sus perseguidores los atrapron, arrojándolos a las aguas del lago. La difusa memoria de esos seres superiores de tez clara y rostros cubiertos de pelos, habría provocado la temerosa sumisión de los incas a los conquistadores españoles.

Otras versiones suponen que no todos los blancos barbados fueron exterminados, y algunos supervivientes se diseminaron por América para fundar las otras culturas precolombinas. El antropólogo noruego Thor Heyerdahl, al que nos referimos en el capítulo 8 de esta obra, introdujo una variante que sostiene que los hombres pálidos huyeron hacia las costas del Pacífico y se embarcaron hacia la Polinesia, fundando la cultura original de la Isla de Pascua. El apoyo más fuerte de estas teorías es un mito cosmogónico registrado en la época de la conquista española, según el cual el gran dios Kon-Tiki Viracocha surgió de las aguas del Titicaca para crear el mundo en Tiahuanaco. Luego el dios creador y su comitiva se marcharon surcando el mar en una gran nave. Heyerdal bautizó a su balsa expedicionaria como «Kon-Tiki», en homenaje a esta leyenda.

Los viracochas españoles

Varias crónicas de la conquista y colonización del Perú señalan que los quechuas y aimaraes trataban a los españoles con el apelativo de «viracochas», lo que sería una casi indiscutible confirmación de que los fundadores de Tiahuanaco eran también hombres blancos y barbados, a diferencia de los nativos lampiños de piel oscura. Este hecho fue ampliamente utilizado por ciertos autores esotéricos, como uno de los principales argumentos a favor de una raza superior y desde luego blanca, que en los albores de la humanidad había transmitido a los hombres primitivos su sabiduría, para luego desaparecer misteriosamente.

Aparte de su evidente etnocentrismo, el asunto plantea dos problemas: el primero consiste en que la raza blanca proviene de la región de los Urales, desde donde se extendió por Europa y el extremo occidental de Asia; no hay ningún testimonio histórico de que hace más de 2000 años alguno de esos pueblos tuviera posibilidad de llegar a América, y menos aún 15 milenios antes. La segunda cuestión es en qué momento los americanos llamaron a los españoles con el mote de *viracochas*. Es decir, si fue antes o después de que ambas partes mantuvieran un cierto intercambio de información.

Los defensores de la raza superior antediluviana dan por supuesto que apenas vieron desembarcar a los españoles, los incas los identificaron con esos dioses ancestrales, por su tez pálida y sus rostros barbados. Pero algunos antropólogos plantearon otras posibilidades. Por ejemplo, que algún intérprete nativo pusiera al tanto de ese mito a los conquistadores, y éstos hicieran correr la voz de que eran viracochas para impresionar y someter más fácilmente a los pobladores del Alto Perú. En tanto los incas solo sabían que los fundadores de Tiahuanaco eran una raza extraña y distinta, bien pudieron aceptar que se parecían a los españoles, que además ostentaban artilugios desconocidos, como navíos, caballos, armas de fuego y corazas de metal. Esta hipótesis se ve apoyada por el propio Cieza de León, cronológicamente ajeno a cualquier disputa científica del siglo XX, cuando cuenta que los españoles dijeron a los jefes tribales que eran enviados de Viracocha y sus hijos para refundar el gran imperio del Altiplano.

Santos, profetas y dioses

Debe tenerse en cuenta que el imperio Inca había empleado con sus vasallos la táctica de «dividir para reinar», desarraigando a los pobladores y repartiéndolos en otros asentamientos. Las distintas tribus del Altiplano perdieron contacto entre sí y como consecuencia buena parte de sus tradiciones orales, pérdida agravada por el uso del mismo método por parte de los conquistadores y el Virreinato. Algunos grupos indígenas emigraron hacia otras regiones, pero la mayor parte murieron diezmados por la sífilis y otras epidemias llevadas por los europeos, o fueron esclavizados en las minas de plata hasta casi su total exterminio. Los propios españoles han registrado que en la segunda mitad del siglo XVI gran parte de la población original se había extinguido.

Los que sobrevivieron fueron abandonando sus creencias y formas de vida tradicionales, intentando agradar a los nuevos amos. El arqueólogo estadounidense Evan Hadingham, respondiendo a un artículo de Heyerdahl, ha señalado que quienes más pronto y mejor se introdujeron en las poblaciones indígenas fueron los sacerdotes misioneros. En muy poco tiempo se creó una transculturación entre las creencias indígenas y la fe católica, en la que deidades y mitos locales se integraron y confundieron con la hagiografía cristiana. No sería extraño que, para similar ese brusco choque cultural, los americanos revistieran a sus dioses con los atributos de los profetas y santos del culto católico, con sus barbas y sus rostros blancos.

Arquitectos a fuerza de pulmón

Los expertos han descartado ya la posible existencia de una raza diferente, superior o no, en el Altiplano andino de hace dos milenios. Sostienen entonces que los constructores de Tiahuanaco debieron ser ancestros de los nativos actuales u otra etnia de aquel tiempo, que luego se extinguió o se mezcló con los quechuas y aimaraes. No hay duda de que su grado de civilización llegó a ser más alto que el de las otras tribus de Sudamérica, y que su influencia alcanzó a un extenso territorio en la franja occidental del subcontinente, ya sea por dominación o por contacto cultural.

Pero este consenso deja en pie la vieja pregunta que se plantearon los pioneros del siglo XIX: ¿Cómo pudo una etnia que no se distingue por su altura ni su complexión física, llevar a cabo aquella inmensa obra megalítica? Quienes visitan Tiahuanaco a duras penas consiguen caminar y toda su energía se consume en mantener la respiración, ahogada por ese aire enrarecido a 4.000 m de altura. Los mareos y desmayos son frecuentes entre los turistas e investigadores, que deben evitar cuidadosamente cualquier esfuerzo excesivo. Resulta difícil imaginar a los antepasados de los pequeños y pernicortos aimaraes

Ellos siguen allí

Pero la etnia aimara no desapareció, quizá porque algunos de sus miembros más tenaces se resistieron a emigrar, y otros fueron volviendo a lo largo del tiempo. Pese a aquella larga sequía, y los abusos de Incas y españoles, los descendientes de los constructores de Tiahuanaco superan hoy el millón y medio de personas, unos 1.250.000 en Bolivia y otros 300.000 en Perú. Algunos de ellos, como en el caso de los mayas de Guatemala, ofrecen sus poderosos pulmones para actuar como excavadores o porteadores de los estudiosos que intentan averiguar porqué se extinguieron.

actuales transportando y elevando las enormes moles de piedra, aún con la ayuda de algún mecanismo primitivo. La explicación es relativamente sencilla: se ha comprobado que los nativos del Altiplano se han adaptado anatómicamente a las exigencias de su entorno, desarrollando unos pulmones mucho más grandes y resistentes que los pueblos de su misma raza que viven a nivel del mar. Con esa ventaja, y empleando los rudimentarios pero eficaces sistemas de cuerdas y palancas usados en otra latitudes por las civilizaciones neolíticas, les fue posible levantar las plataformas escalonadas y monumentos de Tiahuanaco.

Despoblación y éxodo

Es evidente que ya en el siglo XVI, los aimaraes habían perdido esa capacidad constructora, junto con la memoria de haberla ejercido en el pasado. Ese olvido pudo ser real, una forma de no complicarse la convivencia con los españoles, o más probablemente, la protección de una memoria secreta que solo unos pocos mantenían celosamente. Todavía hoy su sociedad esta organizada por medio de *ayllus*, o agrupación de familias emparentadas o vecinas que comparten una tierra común y las labores agrícolas y ganaderas. Esas comunidades son endógamas y patrilineales, gobernadas por un linaje hereditario de jefes o «alcaldes». No sería extraño que estos hombres se transmitieran el secreto de Tiahuanaco de generación en generación, como un arcano hermético que no debía ser revelado a los forasteros.

Pero conserven o no la memoria de sus lejanos ancestros, lo cierto es que los aimaraes han perdido hace siglos aquellos conocimientos y habilidades que permitieron la erección de Tiahuanaco. O sea, que es probable que sus constructores y pobladores huyeron o fueron diezmados por una catástrofe natural, como sostenía Posnansky. El propio Alan Kolata admite la hipótesis de un acontecimiento extraordinario que extinguió la cultura de Tiahuanaco, pero no lo atribuye a una inundación o un terremoto, sino a un cataclismo climático más lento, pero también más irreversible.

La investigación de los sedimentos geológicos depositados en el fondo del Titicaca o conservados en los hielos permanentes de las cumbres, han permitido establecer que una prolongada sequía desertizó la región a los largo de los tres primeros siglos del I milenio d.C. El complejo sistema de cultivos en terrazas escalonadas alimentadas por acequias no pudo soportar la escasez de agua, y según Kolata la población fue abandonando sus asentamientos en busca de mejores condiciones climáticas, hasta que incluso se hizo imposible seguir atendiendo el monumental centro ritual.

Esto explicaría la casi total ausencia de implementos, utensilios u otros testimonios arqueológicos, en el área de una ciudad de decenas de miles de habitantes. Tanto los campesinos como los nobles y sacerdotes tuvieron necesidad y tiempo de llevarse sus enseres y pertenencias, después de rogar mejor suerte invocando por última vez a Kon-Tiki Viracocha. El ocaso de Tiahuanaco no habría sido provocado entonces por una hecatombe de la naturaleza, sino por un lento éxodo en busca de la sobrevivencia.

Legionarios romanos en China

«Un centenar de hombres a caballo galopaban bajo la muralla, y más de cien infantes se alineaban a cada lado del puente, en formación de escamas de pescado.»

Historia de la dinastía Han,
crónica china del siglo I a. C.

En la Roma imperial corría una curiosa anécdota, cuya autenticidad defendían algunas personalidades como el poeta Horacio y otros intelectuales de la época. El relato se basaba en supuestos testimonios de supervivientes de la tremenda derrota sufrida por Craso ante los partos en al año 54 a. C., según los cuales una legión romana completa se había extraviado en la confusión de la desastrosa retirada. Ninguno de estos miles de hombres había reaparecido nunca, ni vivo ni muerto. El misterio de la «legión perdida» sobrevivió a la decadencia y caída de Roma, dio lugar a excéntricas interpretaciones, y durante los siglos siguientes siguió siendo uno de los grandes enigmas insolubles que había dejado la historia de la Antigüedad.

Los historiadores serios siempre consideraron a la supuesta legión extraviada como una de las tantas fábulas cuarteleras del ejército romano, inventadas con intención de pasar el tiempo en las lejanas e inhóspitas guarniciones imperiales.

En la batalla de Harrán (en la actual Turquía) las tropas de Craso totalizaban más de 42.000 hombres, la mayoría de los cuales perecieron en la batalla o fueron ejecutados después por los vencedores. Ninguno de los supervivientes pudo enterarse de lo ocurrido a cada centuria, y menos aún detenerse a recontar las bajas para hallar que faltaba una legión completa. Desde el punto de vista académico aquella «legión perdida» había corrido la misma suerte que sus camaradas de armas, o tal vez desertado antes del combate. Es sabido que la deserción de la caballería, aportada por reinos del Asia Menor que se habían aliado a los romanos, fue una de las principales causas de la vergonzosa derrota, junto a la manifiesta incapacidad de Craso como estratega. Es posible que una parte del ejército regular, al ver cómo pintaban las cosas, se haya sumado a esa desbandada previa a la batalla.

COINCIDENCIA DE FECHAS

Como hemos visto a lo largo de este libro, entre finales del siglo XIX y comienzos del siguiente, varios investigadores comienzan a interesarse en develar con recursos científicos lo que aún ocultan las ruinas y monumentos del pasado, o analizar los mitos y leyendas que pudieran reflejar acontecimientos no registrados por la historia. La mayoría de ellos cumplieron la función de aclarar y demoler falsas teorías y explicaciones inciertas, pero no fue ese el caso de la legión extraviada en la batalla de Harrán.

En la decada de 1930 el historiador Homer Dubs, especialista en el antiguo Oriente, analizaba la *Historia de la dinastía Han*, una crónica china del siglo I a. C. Al leer el párrafo que citamos para abrir este capítulo, asoció intuitivamente aquella «formación en escamas de pescado» con la disposición en «caparazón de tortuga» que formaban los soldados romanos entrelazando sus escudos. No había ninguna referencia histórica de que tropas romanas hubieran luchado alguna vez en un sitio tan distante y ajeno a sus intereses como la China, pero Dubs recordó la leyenda de la legión perdida. ¿Y si realmente aquellos hombres habían escapado a la matanza y recorrido un largo camino hacia el este, uniéndose luego a algún adversario del Imperio Chino? La idea le sonó un tanto descabellada, pero la curiosidad lo llevó a contrastar las fechas. La dinastía Han había reinado entre los años 200 a. C. y 220 d.C., hasta ser derrocada por los «turbantes amarillos». Era pues teóricamente posible que sus ejércitos combatieran a un invasor en la misma época del siglo I a. C. en que fueron diezmadas las legiones de Craso.

Una coraza inexpugnable

El orientalista consultó a los colegas más autorizados, así como a otros historiadores, romanistas, expertos en historia militar y en armas de la antigüedad. Fue así reuniendo notas y datos con el fin de dilucidar si su espontánea intuición podía o no tener visos de realidad. Averiguó por ejemplo que el recurso de levantar una coraza defensiva llamada *testudo* (tortuga) había sido inventado a comienzos del siglo I a. C., precisamente para utilizarlo contra los partos. Éstos basaban su eficacia militar en el aguerrido y veloz ataque de sus arqueros montados, cuyas flechas trazaban una trayectoria de caída casi vertical, que hería a sus adversarios en la cabeza, el cuello, los hombros o la zona escapular. Sin duda los soldados romanos alzaban los escudos y se apretujaban uno contra otros para protegerse, lo que llevó a sus jefes a idear una táctica defensiva más organizada, bautizada como formación en *testudo.*

Con este recurso, las cohortes se cubrían con una especie de caparazón metálica inexpugnable mientras avanzaban en cuadro, y volvían a combatir mientras los arqueros tensaban nuevamente sus arcos. Los escudos romanos eran especialmente aptos para empuñarlos alzados y parcialmente superpuestos, por su poco peso y su forma cuadrangular con el extremo inferior ovalado. Dubs estudió relieves y frisos de las batallas, comprobando que una formación en *testudo* se parecía por cierto a una tortuga, pero que también los bordes ovalados de los escudos superpuestos podían sugerir escamas de pescado, tal como lo habían descrito los cronistas chinos. Pero lo que verdaderamente lo decidió a seguir adelante fue que, según los historiadores militares, ningún otro ejército del siglo I a. C. utilizaba esa estratagema para defenderse de una lluvia de flechas.

Alentado por esa información, Dubs pasó a averiguar si efectivamente era posible que una legión completa, o buena parte de sus miembros, hubieran podido salir vivos de la feroz batalla y de la persecución de los partos. Éstos, herederos del Imperio Persa, pretendían entonces reverdecer el poderío de sus antepasados, y dominaban ya buena parte del Asia Menor, expandiéndose sobre el actual Irak, Siria y Palestina. Sin duda constituían la mayor amenaza para Roma en su frontera oriental, y un triunfo sobre ellos era la mayor ilusión de cualquier general romano que abrigara ambiciones políticas.

La vergüenza de un hombre rico

Marco Licinio Craso era un partidario del tirano Sila, que a partir del año 82 a. C. había acumulado una gran fortuna comprando edificios afectados por los frecuentes incendios, rehabilitándolos con mano de obra esclava, y revendiéndolos o alquilándolos por sumas muy superiores a su inversión. Al promediar aquel siglo se decía que Craso era el hombre más rico de Roma, y propietario de casi toda la ciudad. Sus veleidades políticas y militares lo llevaron a enfrentarse con éxito a la rebelión de Espartaco, y en el año 60 a. C. aceptó actuar de «florero» en el primer triunvirato, compartido nada menos que con Pompeyo y Julio César. Deseoso de demostrar que valía tanto como sus ilustres colegas, se embarcó en una apresurada e inconsulta campaña contra los partos que, aparte de obtener la más vergonzante derrota en el historial militar de Roma, le costó la vida en la desastrosa batalla de Harrán.

El ejército romano que libró aquel combate estaba compuesto por siete legiones que totalizaban 42.000 hombres, de los cuales unos 4.000 de caballería y el resto infantes con escudos y armas ligeras que formaban las temidas cohortes. Aún después de la deserción de sus aliados Craso contaba con una tropa superior a los partos, pero su torpe conducción militar empleó mal y a destiempo esa ventaja, permitiendo que los 9.000 jinetes enemigos arrasaran el campo de batalla. Los romanos ya habían aprendido a formar un *testudo* elemental sobre sus cabezas, pero los partos cambiaron la trayectoria de sus flechas, atacándolos por el frente y los flancos (pocos años después los legionarios de Marco Antonio perfeccionaron la caparazón con escudos verticales, que completaban su protección). Las bajas romanas alcanzaron a 20.000 muertos, y otros diez mil fueron ejecutados. Descontando la caballería desertora y los pocos que consiguieron escapar y regresar a Roma para contarlo, faltaba conocer el destino de varios miles de combatientes.

La larga marcha hacia el este

Con esos datos Dubs estaba ya en situación de defender la existencia de una legión perdida, o al menos no contabilizada, de cerca de unos diez mil romanos. Recurrió a sus colegas expertos en historia clásica, para consultar documentos de los autores de la época. Las crónicas romanas señalan que la mayor parte de los hombres capturados por los partos fueron ejecutados allí mismo o murieron torturados poco después. Pero registran también que unos 1.500 de ellos, probablemente los más jóvenes y menos tullidos por el combate, fueron enviados como soldados de frontera al otro extremo del reino parto. Muchos de ellos murieron en la travesía o escaparon de sus centinelas, pero varias centenas llegaron a la provincia oriental de Margiana, donde cumplieron su función de vigilar la frontera. ¿Qué había del otro lado de esa frontera?

En ese momento buena parte de Asia estaba siendo asolada por los hunos, feroces guerreros mongoles que empezaban a constituir una amenaza para el poderoso Imperio Chino, parapetado tras la Gran Muralla de 6.000 km construida dos siglos antes. La *Historia de la dinastía Han* se refiere a una de esas esacaramuzas cuando describe jinetes al pie de una empalizada y soldados de a pie que forman con sus escudos «escamas de pescado». ¿Podían ser éstos los restos de la legión perdida?

El ambicioso Jhin-Jhiz

Horacio, el gran poeta latino, es uno de los autores que dan cuenta del traslado de los prisioneros hacia el límite oriental del extenso reino parto. En su crónica llega a afirmar que muchos de ellos, resignados a no volver nunca a sus hogares, se unieron a mujeres margianas y formaron nuevas familias en el lugar. Probablemente eso ocurrió con la mayoría y solo unos pocos buscaron fortuna más al este, ya que el relato chino habla de un centenar de infantes flanqueando el puente. Homer Dubs pasó entonces a la siguiente pregunta: ¿Cómo habían llegado hasta allí, y junto a quién combatían? Para averiguarlo, debió repasar la situación del Asia Central en aquel agitado último siglo anterior a nuestra era.

En el año 200 a. C., mientras en China se iniciaba la dinastía Han, el nuevo imperio parto se extendía hacia el levante hasta más allá del mar Caspio. En el siglo siguiente sus límites orientales llegaban al río Oxus, en el actual Afganistán, y en su frontera norte se asentaban los nómades masagetas de etnia iraní. Los hunos incursionaban por ese amplio territorio, rozando en ocasiones la Gran Muralla china o las líneas defensivas del reino helenizado de Bactriana. Al promediar el siglo I a. C., fecha de nuestra historia, el jefe huno Jhin-Jhiz aspiraba a reunir todas las hordas bajo su mandato. Sus jinetes hostigaban a los reinos vasallos de China, más para impresionar a las otras tribus que porque su jefe tuviera ánimos o posibilidades de enfrentarse al ejército imperial. En una negociación para levantar el asedio a una de esas poblaciones, Jhin-Jhiz mató en un confuso episodio a un alto funcionario chino, pariente del emperador. Ante la certeza de que sería perseguido y condenado a muerte, huyó con su horda hacia el sur, refugiándose en el reino de Sogdiana (actual Uzbekistán).

Un general impetuoso

Jhin-Jhiz puso sus hombres al servicio del rey sogdiano, y derrotó una y otra vez a las tribus nómades que amenazaban sus fronteras, hasta obligarlas a retirarse de la región. El prestigio obtenido en esa contienda le ganó la admiración de varias tribus hunas y reyezuelos locales, con los que formó una alianza cuyo cuartel general asentó sobre el río Talas, en el Turkestán. El ambicioso Jhin-Jhiz comenzó a exigir tributos a los reinos circundantes, que tenían un acuerdo de protección con el Imperio Chino. El general Chen Tang, gobernador y protector oficial de la frontera occidental, decidió cortar de raíz los alardes del ascendente jefe huno. Marchó con un poderoso ejército sobre la fortaleza del río Talas, en la que entró a sangre y fuego pasando a degüello a sus ocupantes. También Jhin-Jhiz fue decapitado y su cabeza exhibida en triunfo por distintas ciudades de la región.

Pero el impetuoso Chen Tang había olvidado solicitar la autorización imperial para emprender aquella campaña, y su victoria se vio empañada por el temor a un castigo que podía abarcar desde una humillante degradación militar hasta la condena a morir decapitado. Deseoso de impresionar favorablemente al gobierno y la corte, hizo elaborar una serie de expresivas y coloridas láminas, que mostraban las atrocidades de Jhin-Jhiz y describían detalladamente todos los momentos de la gloriosa batalla final conducida por Chen Tang. Estos dibujos fueron muy admirados y comentados en los círculos de la aristocracia china, con lo que el emperador en persona ordenó pasar por alto la desobediencia de su general. Se sabe que aquellas minuciosas ilustraciones, hoy desaparecidas, fueron la principal fuente para la descripción de este episodio por los autores de la *Historia de la dinastía Han*.

Legionarios en la horda

La crónica china relata que el ejército de Chen Tang encontró la ciudad fortificada de Jhin-Jhiz protegida por un foso, con un solo puente celosamente defendido. La minuciosa descripción señala que la línea defensiva estaba formada por una ancha y profunda zanja, rodeada por una doble empalizada de sólidas estacas de punta afilada, por delante y por detrás de la excavación. Los asesores de Dubs le confirmaron que ese tipo de defensa era típicamente romano, y que ni los hunos ni ningún otro pueblo de la época lo empleaban en sus fortificaciones.

El investigador concluyó que si tanto la formación en tortuga como los fosos de doble empalizada eran tácticas exclusivas de los romanos, casi con certeza algunos de ellos habían luchado junto a las hordas bárbaras de Jhin-Jhiz. Ahora le faltaba establecer cómo habían llegado hasta allí y porqué se estableció esa alianza.

Soldados de fortuna

Homer Dubs sabía ya que más de un millar de prisioneros de la batalla de Harrán habían sido conducidos hacia los límites orientales del imperio parto, y varios centenares estacionados como centinelas en la frontera. Algunas de esas guarniciones distaban no más de 800 km del punto del río Talas donde Jhin-Jhiz había instalado su cuartel general, y los legionarios romanos acostumbraban a recorrer en sus campañas distancias varias veces superiores. Desde ese punto de vista, la distancia no era un obstáculo para su eventual encuentro con los hunos.

El sistema de mercenarios o soldados de fortuna era muy común en la época, y la mayor parte de los ejércitos contaban con tropas extranjeras reclutadas a cambio de una paga o de una participación en el botín de guerra. Quizá algunos de los propios «romanos» de Dubs lo eran, y en ese papel se habían alistado para combatir junto a Craso. Es muy posible que, tras escapar de su forzada destinación de frontera, se ofrecieran como mercenarios expertos al rey de Sogdiana, protector e instigador de las andanzas de Jhin-Jhiz. O también que hubieran llegado a tomar contacto directamente con el líder huno.

Una ciudad romana en China

En principio la laboriosa investigación de Homer Dubs no llegó a demostrar un hecho histórico, pero sí a presentar una hipótesis muy atendible. Sus colegas habían recibido con interés y respeto sus explicaciones, y él decidió seguir buscando nuevas pruebas que acabaran de confirmarlas. Una de las cuestiones que quedaban pendientes era la de qué había ocurrido con los mercenarios romanos después de la derrota de Jhin-Jhiz. Si todos los defensores de la fortaleza habían muerto en la lucha o pasados a degüello, ese había sido su destino.

Pero la *Historia de la Dinastía Han* menciona que las tropas de Chen Tang tomaron algunos prisioneros, y fiel a su precisión informa del número exacto: 145 hombres. Esa cifra se aproxima al «centenar de infantes» que según la misma crónica integraban la formación en escamas de pescado, y Dubs se atreve a sugerir que los supervivientes capturados eran en su mayor parte los romanos. Sus razones son, una vez más, bastante atendibles: si el texto chino incluye el comentario sobre la formación con los escudos y describe con detalle la empalizada defensiva, basándose en las ilustraciones supervisadas por Cheng Tang, es porque ambos ingenios militares debieron interesar al general y sus oficiales lo suficiente como para conserva con vida a quienes ostentaban tales artes tácticas. El investigador llegó a sugerir que una vez interrogados sobre estas cuestiones, los prisioneros fueron repartidos por toda la región, como obsequio a los distintos reyes y jefes locales que habían aportado tropas a Chen Tang. Esta elaboración final, publicada en 1941, fue considerada demasiado especulativa por los historiadores académicos, y ese escepticismo impregnó toda la hipótesis sobre la realidad histórica de la legión perdida.

Un nombre significativo

Homer Dubs, desalentado por ese rechazo, abandonó también el tema durante unos años. Tal vez sus colegas tuvieran razón, y todo su trabajo fuera una elaboración atractiva pero falsa, construida a base de imaginaciones y suposiciones que hilvanaban indicios no del todo fiables. Al fin de cuentas, todo se apoyaba en un solo texto chino basado a su vez en unas láminas extraviadas, y en supuestos relatos orales recogidos por un literato latino un siglo más tarde. Pero nuevamente el destino puso en sus manos un documento revelador, que encadenaba un suceso histórico con sus hipótesis. Un catastro sobre las ciudades chinas efectuado en el año 5 d.C., incluye una población de nombre Li-kien, que era una de las formas de denominar al mundo occidental, concretamente a la civilización erigida por Grecia y Roma.

Hasta aquí Dubs contaba con un dato sugerente, pero no definitivo. Los chinos a menudo llamaban a sus ciudades con nombres alegóricos o referencias a antiguos mitos. Era posible que aquella Li-kien honrara así a algún personaje lejano que había partido hacia el poniente, o a alguna leyenda local que relacionaba ambas culturas. Sería un tanto arriesgado suponer que memorara que allí se habían asentado los romanos de la legión perdida. Pero muy poco después subió al trono el emperador Wang Mang, quien ordenó que todas las ciudades y poblaciones con nombres simbólicos, debían cambiarlos por otros que expresaran concretamente hechos reales, relacionados con su fundación, sus particularidades o su historia. Fue así como Li-kien adoptó en el año 9 d.C. el nuevo nombre de Jiei-lu, que significa casi literalmente «prisioneros capturados en la tormenta». Dada la costumbre china de expresarse con metáforas poéticas, la tal tormenta pudo ser una alusión a las terribles incursiones de Jhin-Jhiz, o a la sangrienta batalla del río Talas.

Uniendo los dos nombres sucesivos de aquella ciudad (que podemos resumir en «Occidente» y «prisioneros») y su ubicación en la provincia noroccidental de Gansu, en el límite con Mongolia, Homer Dubs entendió que había cerrado el caso de la legión perdida. Un grupo más o menos importante de los romanos capturados había fundado aquella ciudad, o tenido una actuación importante en ella. Los orientalistas mantienen aún hoy una división de opiniones, según el mayor o menor rigor documental que exijan para consagrar un suceso como histórico.

Es evidente que la fuerza y persistencia de la teoría de Dubs responde a la atracción romántica de una aventura tan apasionante como la de unos legionarios romanos que escaparon a la muerte, para acabar luchando junto a los hunos contra el imperio chino. La forma en que el investigador ordena y relaciona sus datos es muy ingeniosa, pero no del todo consistente. No obstante se considera comprobado que unos prisioneros de la batalla de Harrán fueron enviados al otro extremo de Partia. Si algunos consiguieron huir, solo podían dirigirse hacia el interior de Asia.

Los antecesores de Marco Polo

La creencia errónea de que los primeros europeos en llegar a China fueron los mercaderes venecianos de finales del siglo XIII, cuya figura emblemática es Marco Polo, convierte a la teoría de la legión perdida en una transgresión del devenir histórico comúnmente aceptado. No obstante, con o sin aquellos legionarios extraviados, los romanos tenían información sobre el Imperio Chino, y establecieron contactos muy tempranos entre ambas potencias. Es probable que ya a finales del primer milenio antes de Jesucristo hubieran caravanas que comerciaban entre Asia y el Mediterráneo, prefigurando la Ruta de la Seda. Tanto Virgilio como Horacio, los grandes poetas latinos del siglo I, dejaron escritas alabanzas a la delicadeza de la seda, demostrando conocer que era elaborada por los chinos a partir de la cría de unos milagrosos gusanos. Las crónicas chinas de mediados del siglo II registran la visita a la corte imperial de una delegación enviada por el rey de Ta-Ching, que era unos de los nombres que daban a Roma. Ese soberano era denominado An-tun, casi transparente versión de Antonino Pío, que gobernó el Imperio Romano entre los años 138 y 161, y que antes de subir al trono había sido procónsul en el Asia Menor. La embajada llevaba como presentes productos típicos del Mediterráneo y las provincias romanas de África, como marfil, caparazones de tortuga y cuernos de rinoceronte, con los que el sabio y emprendedor Antonino pretendía propiciar el comercio entre ambos imperios.

Roma vivía entonces su momento de mayor apogeo, que fue a su vez un largo paréntesis de paz. Los generales expedicionarios fueron reemplazados por los mercaderes, como agentes de la prosperidad romana ante el resto del mundo. Es probable que las caravanas llegaran por mar a la península de Indochina, y desde allí se internaran en el interior de Asia. Por otra parte los anales chinos que registran aquella primera visita oficial en 166 d.C., no dejan de apuntar que fue el comienzo de un fructífero intercambio mercantil, en el que la seda, el jade y las especias jugaban el papel principal por la parte china, que a cambio recibía marfil, ámbar, cristales fenicios y otros productos del amplio y variopinto territorio del Imperio Romano.

La crisis de la dinastía Han produjo en el año 187 una primera revuelta de campesinos hambrientos, llamados «turbantes amarillos», influidos por los líderes taoístas que se oponían al confucionismo oficial. Los Han son derrocados definitivamente en el 220, y es probable que el nuevo régimen cortara o desatendiera las relaciones con Occidente. Roma, sumida a su vez en una constante crisis política y militar, comenzaba a perder terreno frente a las invasiones bárbaras, y los navíos de guerra volvieron a ocupar el lugar de los barcos mercantes. Quizás en la lejana ciudad de Jiei-lu los descendientes de la legión perdida ya habían olvidado la epopeya de sus antepasados.

¿EXISTIERON REALMENTE LAS AMAZONAS?

«Eran blancas, altas y robustas e iban desnudas, cubriendo solo sus partes íntimas; luchaban armadas con arcos y flechas, y cada una de ellas valía como diez hombres.»

Crónica de la expedición de
FRANCISCO DE ORELLANA, 1544

Las historias sobre tribus de mujeres guerreras, que utilizaban a los hombres como esclavos y copulaban con ellos solo para reproducir su estirpe femenina, han recorrido la mitología y la leyenda desde los tiempos más remotos. Los primeros registros escritos se remontan a la Ilíada de Homero y a las hazañas de Hércules, reapareciendo en las crónicas de la conquista de América y en las búsquedas arqueológicas del siglo XIX. Recientes revisiones de los historiadores clásicos permiten suponer la existencia de por lo menos una antigua comunidad de amazonas en el sudoeste de Asia, hipótesis confirmada por sorprendentes hallazgos de los arqueólogos rusos.

Las diversas versiones del mito en distintas épocas y culturas, coinciden en describir a las amazonas como mujeres esbeltas y fuertes, con tez y cabellos claros, de excepcional valor y eficacia en el combate. Ciertos relatos aseguran que se mutilaban un pecho para poder tensar mejor el arco, y de allí proviene su nombre en griego: *a*, sin; *mazos*, seno. Otras fuentes afirman que solo criaban a sus hijas, matando al nacer a los niños varones. Algunos estudiosos han considerado estas leyendas como una parábola simbólica de la lucha de los sexos en la Antigüedad; otros, desde un enfoque más freudiano, apuntan al ancestral temor del hombre a que la mujer le arrebate el dominio del poder y la fuerza física. No obstante, como veremos enseguida, siempre aparece un héroe legendario que acaba imponiendo la superioridad masculina.

Lucha de sexos en la mitología griega

Una de las amazonas mitológicas fue la reina Pentesilea, hermosa hija de la ninfa Otrera y de Ares, el dios de la guerra. Durante la guerra de Troya puso sus feroces guerreras al servicio de Príamo, derrotando varias veces a los sitiadores griegos. Finalmente se enfrentó con Aquiles, quien le dio muerte en un denodado combate cuerpo a cuerpo. Se dice que el héroe homérico, fascinado por la belleza de su víctima, se echó a llorar sobre su cadáver (otra versión más audaz sostiene que la poseyó mientras agonizaba).

¿Quién era y de dónde venía esta mujer cuya belleza atrajo a Aquiles a la necrofilia? El propio Homero cuenta que Príamo había conocido a las amazonas en Frigia, al este de Troya, lo que situaría el reino de Pentesilea en Anatolia central, que hoy forma parte de Turquía. El poeta apunta en otro momento de su obra que «las amazonas hacían la guerra como los hombres», sin entrar en mayores detalles, quizá porque sus contemporáneos ya sabían de quiénes se trataba.

El ceñidor de Hipólita

Otros mitos griegos hablan de una reina de las amazonas llamada Hipólita, también hija de Ares, que le había regalado un poderoso ceñidor mágico. Es posible que este personaje sea la legendaria Pentesilea con otro nombre, asimilación habitual en los relatos mitológicos. Lo cierto es que Hipólita debe su celebridad a su encuentro con el héroe Heracles (a quien los romanos llamaron Hércules), que formó parte de las tareas ciclópeas encomendadas a este por Euristeo, rey de Corinto. El héroe había matado a su esposa Megara en un acceso de ira, y la pitonisa de Delfos lo envió ante aquel monarca para que le impusiera un castigo. Euristeo le dijo que expiaría su culpa si llevaba a cabo doce hazañas sobrehumanas, entre ellas arrebatar el ceñidor de la reina de las amazonas. Señala el mito que Heracles atravesó el Mar Negro para presentarse ante Hipólita, a la que sedujo con su imponente planta y su fama de invencible.

En el momento en que Heracles se disponía a apoderarse del ceñidor, las otras amazonas entraron en la alcoba fuertemente armadas, para proteger a su soberana. Atemorizado por su agresividad, el héroe se vio obligado a matar a Hipólita y huyó con sus hombres hacia las naves, perseguido por las enfurecidas guerreras. Finalmente consiguió embarcar con el ceñidor, cumpliendo así el mandato de Euristeo en una de sus hazañas menos gloriosas. Sin duda el hecho de haber acobardado al valeroso Heracles contribuyó a reforzar la legendaria aureola de fiereza que se atribuía a las amazonas.

Una amazona en Atenas

Antíope, nueva reina de las amazonas, decidió vengar la afrenta de Heracles invadiendo Grecia con sus guerreras. Para ello se alió con los escitas, un pueblo nómada que recorría las estepas del norte del Mar Negro, y asoló las poblaciones griegas dirigiéndose hacia Atenas. Por entonces reinaba en esa ciudad el mítico Teseo, hijo de Egeo y Etra, que había obtenido el trono tras desenmascarar la conspiración de la maga Medea. Su fama nada tenía que envidiar a la del dorio Heracles, sobre todo por su enfrentamiento con el minotauro de Creta, cuya muerte liberó a Atenas de los tributos impuestos por el rey Minos. Sin embargo las aguerridas amazonas pusieron en jaque al ejército ateniense, y Teseo debió recurrir a la misma estratagema empleada por Heracles: enamorar a la hermosa Antíope.

Ante el rapto y seducción de su soberana, las amazonas se retiraron de regreso a sus tierras, y Atenas volvió a vivir una era de paz. Pero el destino de Teseo estaba unido a la isla de Creta, cuya princesa Fedra, hija del rey Minos, desplazó a la bella amazona en el corazón del soberano ateniense. No se sabe si la despechada Antíope regresó junto a sus compañeras, pero sí que Teseo no salió ganando con el cambio. Como es sabido, Fedra desató una tragedia incestuosa, que llevó al rey de Atenas a ordenar la ejecución de su propio hijo.

El reino de las mujeres

Temibles arqueras y expertas jinetas, las amazonas debían proceder de una tierra de llanuras, tal como el extremo noreste del Mar Negro, donde las sitúan las tradiciones griegas. En distintas crónicas y relatos las guerreras rubias provienen de la amplia meseta bañada por los grandes ríos Dnieper y Don, de donde pudieron bajar a Grecia a través de los Balcanes. Otros autores cuentan que las amazonas invadieron el Asia Menor desde oriente y se establecieron en las orillas del Egeo, atribuyéndoles la fundación de ciudades como Izmir (actual Esmirna) o Éfeso, las dos en la costa oriental de ese mar. El mito de Heracles sitúa el reino de Hipólita en el extremo sureste del Mar Negro, junto a un río llamado Termodon, que tal vez fuera el actual Kura, en la Transcaucasia. Quizá ambas fuentes no se contradicen, si suponemos que las amazonas se desplazaron hacia el Asia Menor bordeando el mar, y el héroe griego las encontró a mitad de camino.

El geógrafo griego Estrabón, nacido a mediados del siglo I a. C., se basa en datos de su paisano Teófanes para situar el reino de las amazonas y describir sus costumbres. Teófanes había acompañado a Pompeyo en la conquista del Ponto y Armenia, y asegura que el rey Mitríades tenía como aliadas a unas excelentes guerreras, cuyo reino se encontraba al pie de los montes caucásicos. Recogiendo informes de éste y otros autores, Estrabón elaboró una curiosa descripción de la vida y costumbres de las amazonas, que daría pie a la mayor parte de las leyendas posteriores.

Aparte de prepararse para la guerra y entrenar sus caballerías, las amazonas habían asumido todas las tareas masculinas, como arar la tierra y ocuparse de las siembras y cosechas, así como emprender partidas de caza o construir sus poblados y fortificaciones. Cuando llegaba la primavera se reunían en la cumbre de una montaña con los hombres de una tribu vecina, que Estrabón llama gargarios. Allí cumplían una ceremonia de sacrificios a los dioses, que culminaba con un apareamiento ritual por parejas escogidas al azar. Las niñas nacidas de aquel encuentro eran educadas y preparadas para desempeñarse como guerreras, y al llegar a la pubertad se les cortaba el pecho derecho para que pudieran manejar mejor el arco y la jabalina. Existen distintas versiones sobre el destino de los hijos varones de las amazonas. Según alguna, eran sacrificados al nacer; de acuerdo a otras, eran entregados a los gargarios o mantenidos en la tribu femenina como esclavos.

La tribu de los mestizos

Herodoto, considerado el padre de la Historia, describe en el siglo V a. C. un pueblo llamado saromata, al que considera descendiente de la unión de las amazonas con los escitas. El cronista de Halicarnaso ofrece también una explicación sobre la ubicuidad de las mujeres guerreras, cuyo reino a veces está en el Cáucaso y otras en el extremo norte del Mar Negro. De acuerdo a Herodoto, la partida de griegos comandada por Heracles cogió prisioneras a un buen número de amazonas, a las que embarcaron con ellos. Pero las combativas mujeres consiguieron apoderarse de la nave que las conducía, y su inexperiencia marinera las llevó a ser arrastradas hacia el norte, hasta encallar en las costas de la actual Ucrania. Allí consiguieron domesticar caballos salvajes y formar una aguerrida horda, que pronto tropezó con los nómades escitas. Éstos trabaron amistad con las amazonas, que se aliaron a sus correrías y mantuvieron relaciones sexuales con ellos. El resultado, siempre según Herodoto, fue la nueva tribu de los saromatas, hijos de escitas y amazonas, que habitaban en la orilla septentrional del Mar Negro.

Al parecer también Alejandro Magno, dos siglos más tarde, tuvo en la misma zona un encuentro con las amazonas. En 330 a. C., después de vencer a Darío y someter el imperio persa, el gran conquistador macedonio inició una nueva incursión en dirección a Oriente. Dicen algunas crónicas que estando acampado en la orilla del Mar Negro, recibió la visita de la bellísima reina de las amazonas, que le propuso una alianza que sería sellada por la boda de ambos. El joven general no aceptó la propuesta, y prosiguió su campaña que lo llevaría hasta el valle del Indo.

Pese a las abundantes y detalladas referencias de los autores clásicos, entre ellos algunos de los más autorizados, la existencia de las amazonas nunca traspuso el umbral de la leyenda. Tampoco el hallazgo de estatuas, cerámicas y pinturas que representan a las mujeres guerreras pareció convencer a los helenistas. Para ellos el arte y la literatura griega entremezclaban continuamente mitología y realidad, costumbre que incluye a Estrabón o a Herodoto. No habiendo testimonios arqueológicos de su presencia, las amazonas siguieron siendo una más de las numerosas fabulaciones del Mundo Antiguo.

Amazonas en el Nuevo Mundo

La leyenda de las amazonas ocupó un lugar destacado en las fantasías y ambiciones de la conquista de América, poco después de que Cristóbal Colón llegara por primera vez al Nuevo Mundo. Al emprender el regreso de aquel primer viaje, el descubridor recibió de los nativos la advertencia de no acercarse a una isla llamada Mantinino, habitada por una tribu de mujeres feroces. La descripción de los indios caribes mantenía sospechosas semejanzas con las tradiciones de la mitología griega: las mantinianas eran excelentes guerreras, expertas en el uso de arco, y se protegían con armaduras de bronce. Cada tanto capturaban hombres en las islas cercanas y copulaban con ellos para aumentar su provisión de niñas. Según parece al almirante le interesó la historia, y tanto él como sus capitanes buscaron con afán la misteriosa isla de las mujeres, asumiendo el riesgo de ser secuestrados con buen fin. Pero ni en ese viaje ni en sus otras travesías consiguió Colón encontrar a las inquietantes amazonas caribeñas.

No obstante la historia de la tribu de mujeres se difundió profusamente por la Península, alentada y enriquecida por clérigos y licenciados que conocían los textos clásicos. Como era habitual en muchas leyendas sobre las Indias Occidentales, pronto se atribuyó a las amazonas la posesión de fabulosas riquezas, y las armaduras de bronce se convirtieron en cascos y corazas de oro puro o las rústicas lanzas en espadas de plata y pedrería. A medida que las expediciones iban reconociendo las islas y costas americanas, el fantástico reino femenino se fue trasladando en la imaginación de los conquistadores hacia el interior del continente, escondido tras las selvas impenetrables y los ríos caudalosos que bloqueaban sus incursiones.

El río de las amazonas

En 1541 Gonzalo Pizarro, hermano díscolo del conquistador del Perú, decide emprender una expedición fluvial hacia el este, con el propósito de unir los dos océanos. Se le suma entonces Francisco de Orellana, experto expedicionario y gran conocedor de los secretos del Nuevo Mundo, quien le habla de los fantásticos tesoros y la extraordinaria belleza de las amazonas. Explica también todo lo que ha oído sobre El Dorado, soberano de un pueblo tan rico que lleva todo el cuerpo cubierto de oro en polvo. Ambos reinos, asegura Orellana, solo pueden encontrarse en el interior de la vasta región selvática todavía virgen. Fascinado por estas historias, Pizarro recorre los intrincados ríos y brazos de agua en busca de aquella fabulosa fortuna. Los nativos que interrogan parecen tener noticia de las mujeres guerreras y del rey con el cuerpo dorado, pero siempre los envían más allá, hacia el frondoso misterio del centro del continente.

Cuando llegan a la confluencia del Huallaga y el Marañón, en la actual frontera entre Perú y Brasil, los expedicionarios se han quedado sin víveres. Pizarro entrega a Orellana el mando de un bergantín, y le encomienda regresar a Iquitos en busca de provisiones. Pero el impulsivo conquistador decide continuar por su cuenta la ambiciosa travesía, abandonando a los otros a su suerte. A lo largo de siete meses los desertores descienden por el Marañón, adentrándose en el ignoto territorio de la selva brasileña. Durante ese empeñoso recorrido se encuentran varias veces con tribus hostiles, entre ellas una que el cronista de la expedición describe con especial detenimiento: «En la orilla se veían varias aldeas, algunas muy grandes con muros encalados. Habíamos llegado a la maravillosa tierra dominada por las amazonas». El relato prosigue con un ataque de canoas repletas de nativos, comandados por «capitanas», mujeres cuyo aspecto se describe en la cita que inicia este capítulo. Los españoles consiguen escapar de sus perseguidores, y finalmente llegan a la desembocadura del inmenso río, que desde entonces tomó el nombre de Amazonas. Francisco de Orellana regresó a España, donde consiguió fondos para una nueva expedición en sentido inverso, desde el Atlántico hasta Iquitos, con tal mala fortuna que le costó la vida.

El oro del Orinoco

Sir Walter Raleigh era el más célebre marino y explorador del Imperio Británico a finales del siglo XVI. Favorito de Isabel I, había fundado en su honor la colonia norteamericana de Virginia (por ser llamada la soberana «la reina virgen») e introducido en la corte el uso del tabaco. Hombre de ideas iconoclastas y una ambición sin límites, estaba convencido de la existencia de El Dorado y el reino de las amazonas, que siguiendo a los informantes de Colón suponía situados al sur del mar Caribe. En 1595 organizó una expedición al aún inexplorado macizo de la Guyana, en el extremo noreste de América del Sur, dispuesto a asombrar al mundo con su descubrimiento y de paso hacerse enormemente rico.

El navegante inglés remontó el caudaloso río Orinoco, hacia el corazón del Imperio español, que lo tenía por su más odiado enemigo. Encontró por cierto algunas minas de oro, no tan ricas como suponía la leyenda, pero no halló indicios de las misteriosas amazonas ni del monarca recubierto de metal precioso. Al año siguiente publicó un libro titulado *The Discovery of Guiana*, en el que brinda detallados datos geográficos y describe las peripecias de la travesía, sin mencionar las verdaderas intenciones que lo habían llevado a emprenderla.

Tanto sir Walter Raleigh como Francisco de Orellana y otros expedicionarios españoles y portugueses, buscaron con denodada ilusión y ningún éxito el reino de las amazonas en América. Sin duda se trató de una trasposición de los mitos griegos, que hizo fortuna entre las muchas leyendas americanas que imperaban en la época. Es muy probable que los intérpretes nativos tradujeran a los conquistadores lo que éstos querían oír, a fin de mantener su empleo en la expedición. Más tarde, cuando todo el continente fue explorado y colonizado, el mito se fue perdiendo, junto con El Dorado y otras fábulas imaginarias. Solo lo recuerda el río de las Amazonas, que nombra también a su vasta cuenca montañosa y selvática. Región que, como es sabido, todavía guarda numerosos rincones desconocidos.

Las tumbas de Rusia

Aunque sus trabajos fueran menos divulgados, los arqueólogos rusos del siglo XIX nada tenían que envidiar a sus colegas europeos que excavaban las tumbas de Egipto o las ruinas de las ciudades mesopotámicas. Uno de los más destacados fue el conde Anatoli Bobrinskoi, pionero en el análisis de los esqueletos y restos humanos encontrados en las excavaciones. Hacia 1892 este investigador realizaba un amplio estudio de los túmulos mortuorios descubiertos en los alrededores de Smela, en Ucrania meridional, cuando le llamó la atención la disposición de una de las tumbas. En la parte central yacía un esqueleto femenino, rodeado de una serie de objetos rituales. A sus pies, en posición de perfil, se encontraba un esqueleto masculino, sin ningún adorno ni símbolo funerario.

Bobrinskoi observó que la mujer había sido colocada en la dirección solar este-oeste, honor reservado a las grandes personalidades, mientras que el hombre yacía atravesado, formando con el esqueleto femenino una cruz invertida. Otros signos que no dejaban dudas sobre la posición superior de ella eran las joyas que ornaban su cadáver: un rico collar de hueso y cristal, una pulsera de bronce, y dos grandes colgantes de plata. A su alrededor se habían dispuesto varios utensilios domésticos, pero lo que sorprendió al arqueólogo fue la inclusión de algunas armas, como un carcaj de madera y piel adornado con cintas y abalorios, dos puntas de lanza de hierro, y varios guijarros redondeados para ser arrojados con honda. En suma, la muerta estaba rodeada por el tipo de ornamentos bélicos que solían usarse en las tumbas de los grandes guerreros.

A partir de este hallazgo inicial de Bobrinskoi, se fueron descubriendo numerosas sepulturas de «amazonas», diseminadas en una extensa área que iba desde el sur de Ucrania hasta el Kazajtán, abarcando las estepas del norte del Mar Caspio y el de Arán. Los gobiernos soviéticos mantuvieron un cierto secretismo sobre estos descubrimientos, pero después de la caída del muro de Berlín en 1989 los arqueólogos europeos y americanos comenzaron a tener acceso a las excavaciones que se realizaban en Rusia.

Armas de mujer

No todos los círculos científicos suscribían la hipótesis de que esas tumbas demostraban la existencia de un pueblo de amazonas en la Rusia meridional. Para muchos estudiosos podía tratarse solo de sepulcros de princesas o sacerdotisas y las armas ser un homenaje simbólico, sin que necesariamente pertenecieran a ellas en vida. En 1992 la directora del Centro de Estudios Eurasianos de la Universidad de Berkeley, Jeannine

Davis-Kimball, se propuso dilucidar el verdadero alcance de aquellos hallazgos. Por un acuerdo con sus colegas rusos, condujo la excavación y estudio de más de cincuenta túmulos mortuorios en la región de Prokovka, muchos de ellos con numerosos cadáveres acumulados a lo largo de generaciones. Las tumbas databan desde finales del I milenio a. C. hasta el siglo VI de nuestra era, y la disposición de los restos estaba siempre presidida por el esqueleto ricamente ornado de una mujer, que ocupaba la fosa central. Los restos femeninos estaban siempre rodeados de armas y enseres valiosos, mientras los masculinos aparecían mucho más despojados, a veces con un niño en brazos. Esto sugería al menos una sociedad fuertemente matriarcal, en la que las mujeres ostentaban los símbolos del poder y los hombres se ocupaban de las tareas domésticas y la crianza de los niños.

El gran descubrimiento de Davis-Kimball fue una tumba con siete esqueletos femeninos, que además de indicar su alto rango con joyas y abalorios habían sido enterradas con espadas y puñales, puntas flechas de bronce, y piedras afiladas calzadas en lanzas arrojadizas. Como bien puntualizó la arqueóloga californiana, si los esqueletos hubieran sido de hombres, nadie hubiera cuestionado que se trataba de la tumba de siete guerreros. Para demostrar su aserto hizo medir las empuñaduras de las armas, que resultaron ser bastante más pequeñas de lo habitual, como para adaptarse a manos femeninas. Por otra parte, algunos de los restos mostraban heridas recibidas en combate, y uno de ellos aún alojaba una punta de flecha en la articulación de la rodilla.

Jinetas en la estepa

Otro dato curioso de los estudios de Davis-Kimball registra que el mayor porcentaje de enterramientos femeninos con armas y adornos se registró en la región del bajo Volga, que es la tierra de los Saromatas citados por Herodoto como descendientes de las amazonas y los escitas. Las tumbas presentaban esqueletos de mujeres acompañados de sus arcos, jabalinas, y arreos de montar, lo que expresa claramente su condición de guerreras a caballo que empleaban armas arrojadizas, tal como las describen los textos clásicos.

Una relectura de Herodoto y otros autores que trataron el tema, a la luz de los recientes descubrimientos, permite suponer que los griegos tuvieron encuentros reales con las amazonas de la estepa, y que los mitos de Heracles y Teseo responden a una difusa memoria de aquellas guerreras solitarias. En cualquier caso, las tumbas rusas confirman sin lugar a dudas que hace unos dos mil años hubo allí un pueblo de mujeres combatientes, ya fuera junto a los hombres o en hordas armadas exclusivamente femeninas. Y que, como era costumbre en las comunidades nómades, solo sus hazañas guerreras pudieron elevarlas a la posición de primacía y autoridad que ostentaban en sus cámaras funerarias.

Es posible que las auténticas amazonas se hubieran ya extinguido en tiempos de Herodoto, pero su recuerdo pasó de los griegos a los romanos, y de éstos al mundo medieval y al Renacimiento. Resulta lógico que el descubrimiento del vasto Nuevo Mundo reverdeciera el mito, y no es imposible pensar que pudo haber otras amazonas en distintos tiempos y lugares de la Historia. La idea de un pueblo de mujeres hermosas y aguerridas, que cabalgan libremente armadas de arcos y flechas, es tan atractiva e inquietante como para haber permanecido en el imaginario colectivo a lo largo de los siglos, y quizás hacerse realidad más de una vez.

[illegible]

Lea, A P. The Cult of the Immortal. Souvenir Press. Londres 1961.
Lumbreras L. G., The Peoples and Cultures of Ancient Peru, Smithsonian

Bibliografía

Atkinson, R. C. J., *Stonehenge and Neighboring Monuments,* H. M. Office, Londres, 1981.

Bass, G. F., *Archeology Under Water,* Praeger, Nueva York, 1966.

Bernard, J.-L., *Mystères Egyptiens,* Editions de la Maisnie, París, 1994.

Blegen, C. W., *Troy and the Troyans,* Praeger, N. York, 1963.

Brackman, A. C., *The Search for the Gold of Tutankhamen*. Mason, N. York, 1976.

Bratton, F. G., *A History of Egytian Archaelogy,* Hale, Londres, 1967.

Burl, A., *Prehistoric Astronomy and Ritual,* Ballochroy, Londres, 1983.

Castleden, R., *The Making of Stonehenge,* Rouletge, Londres, 1993.

Ceram, C. W., *Gods, Graves & Scholars,* Bantamn, NuevaYork, 1980.

Davies, N., *The Ancient Kingdom of Peru,* Penguin, Londres, 1997.

Deuel, L., *Memoirs of Heinrich Schliemann,* Harper & Row, Nueva York, 1977.

Dundes, A., *The Flood Myth,* Univ. of California Press, 1988.

Edward, I. E. S., *The Pyramids of Egypt*. Penguin, Londres, 1993.

Fischer, S. R., *Rongorongo: the Easter Island Script,* Clarendon, Oxford, 1997.

Frayling, C., *The face of Tutankhamun,* Faber & Faber, Londres, 1992.

Gardiner, A., *Egypt of the Faraons,* Oxford Univ. Press, Oxford, 1961.

Gaster, T. H., *Myth, Legend and Custom in the Old Testament,* Harper & Row, Nueva York, 1969.

Hadingham, E., *Early Man and the Cosmos,* Heinemann, Londres, 1983.

Heggie, D.C., *Megalithic Science,* Thames & Hudson, Londres, 1981.

Heyerdahl, T., *Easter Island: The Mystery Solved,* Souvenir Press, Londres, 1989.

Heyerdahl, T., *The Kon-Tiki Expedition,* Allen & Unwin, Londres, 1950.

James, P. y Thorpe, N., *Ancient Mysteries,* Ballantine Books, Nueva York, 1999.

Lattimore, R., *The Iliad of Homer,* Univ. of Chicago Press, Chicago, 1951.

Leca, A. P., *The Cult of the Inmortal,* Souvenir Press, Londres, 1980.

Lumbreras, L. Y., *The People and Cultures of Ancient Peru,* Smithsonian

Press, Washington, 1974.
Marshack, A., *The Roots of Civilization,* McGraw Hill, Nueva York, 1972.
Needham, J., *Science and Civilization in China,* Cambridge Univ. Press, 1959.
Orliac, C. & M., *The Silent Gods: Mysteries of Easter Island,* Thames & Hudson, Londres, 1995.
Phillips, E. D., *The Royal Hordes: Nomad Peoples of the Steppes,* McGraw Hill, NuevaYork, 1965.
Posnansky, A., *Tihauanacu: The Cradle of American Man,* Augustin, N. York, 1945.
Rothery, G. C., *The Amazons.* Senate, Londres, 1995.
Sitwell, N., *The World the Romans Knew.* Hamilton, Londres, 1984.
Sprague de Camp, L., *Lost Continents: The Atlantis Theme in History, Science and Literature,* Dover, Nueva York, 1970.
Thom, A., *Megalithic Sites in Britain,* Clarendon Press, Oxford, 1967.
Traill, D. A., *Schliemann of Troy: Treasure and Deceit,* J.Murray, Londres, 1995.
Tyrell, W. B., *Amazons: A Study in Athenian Mythmaking,* John Hopkins, 1984.
Von Koenigswald, G. H. R., *Meeting Prehistoric Man,* Thames, Londres, 1952.
Weaver, M. P., *The Aztecs, Maya and Their Predecessors,* Academic Press, N. York, 1981.
Wood, M., *In Search of the Troyan War,* New American Library, NuevaYork, 1985.
Zink, D., *The Stones of Atlantis,* Prentice Hall, Nueva York, 1978.